마음을 여는
일곱 가지 주문

양광모 지음

마음을 여는 일곱 가지 주문

초판 1쇄 발행 2023년 3월 1일

지 은 이	양광모
발 행 인	권선복
편 　 집	권보송
디 자 인	서보미
전 자 책	서보미
발 행 처	도서출판 행복에너지
출판등록	제315-2011-000035호
주 　 소	(157-010) 서울특별시 강서구 화곡로 232
전 　 화	010-3993-6277
팩 　 스	0303-0799-1560
홈페이지	www.happybook.or.kr
이 메 일	ksbdata@daum.net

값 17,000원

ISBN 979-11-92486-57-4(13180)

Copyright ⓒ 양광모, 2023

도서출판 행복에너지는 독자 여러분의 아이디어와 원고 투고를 기다립니다. 책으로 만들기를 원하
는 콘텐츠가 있으신 분은 이메일이나 홈페이지를 통해 간단한 기획서와 기획 의도, 연락처 등을 보
내주십시오. 행복에너지의 문은 언제나 활짝 열려 있습니다.

THE SEVEN SPELLS

마음을 여는
일곱 가지 주문

양광모 지음

"
마음의 문을 여는 손잡이는
사람의 영혼 안쪽에만
달려 있다
"

도서
출판 행복에너지

세상에서 가장 중요한 것이 무엇일까? 사람의 마음을 여는 일이다. 세상에서 가장 어려운 것은 무엇일까? 굳게 닫힌 사람의 마음을 여는 일이다. 우리는 타인의 마음을 열기 위해 애쓰고, 타인의 마음을 열지 못해 고민하고, 타인의 닫혀있는 마음 때문에 고통 받는다. 부부간의 말다툼, 자녀와의 불화, 직장에서의 갈등을 비롯해 사람과 사람 사이의 문제는 대부분 마음의 문과 관련되어 있다. 그러나 누군가의 마음을 여는 일은 생각처럼 쉬운 일이 아니다. 철학자 헤겔이 말했듯이 마음의 문을 여는 손잡이는 오직 안쪽에만 달려있기 때문이다.

지금까지 삶을 살아오는 동안 나는 삼십여 가지의 직업을 가져보았고 현재 휴먼네트워크연구소장으로 활동하고 있다. 내가 하는 일은 주로 인맥관리와 인간관계에 관련된 강의, 칼럼 기고, 책 집필 등이다. 지난 몇 년 동안 나는 청와대, 외교통상부, 삼성, 현대, 전경련, 서울대를 비롯하여 정부, 대기업, 대학, 각 기관단체에 출강하였고 30여 권에 이르는 책을 출간하였다. 그 과정에서 정말로 수많은 사람을 만났고 내 나름대로 인간관계의 비법을 연구하였지만 성공적인 인간관계를 맺기란 그야말로 하늘의 별 따기였다. 가장 큰 이유는 마음의 문을 열 줄 모르기 때문이었다. 간단하게 말하자면 마음의 문은 인간관계의 첫 번째 단계에 해당된다. 첫 번째 단추를 제대로 꿰지 못하면 옷을 바르게 입을 수 없듯이 마음의 문을 열지 못하면 타인과 좋은 관계를 형성할 수 없다. 〈알리바바와 40인의 도적〉에 다음과 같은 내용이 나온다.

"저 문 뒤에 뭐가 있는지 알아봐야겠어."라고 알리바바는 생각했다. 그리고 그는 바위 앞에 서서 '열려라 참깨'를 외쳤다. 그러자 마술처럼 문이 열렸고 알리바바는 커다란 동굴 속으로 들어갈 수 있었다. 그곳에는 온갖 보물들이 가득했다. 알리바바는 세 마리의 노새에 보물을 가득 실었다. 그러곤 다시 말했다. "닫혀라 참깨" 그러자 문이 닫혔다. 알리바바는 곧장 집으로 돌아갔다.

알리바바는 우연히 알게 된 마법의 주문으로 굳게 닫힌 동굴문을 열게 되었고 동굴 속에 숨겨진 보물을 발견해서 큰 부자가 된다. 반면 알리바바의 형 카심은 동굴 속에 들어갔다가 주문을 잊어버리는 바람에 도적들에게 붙잡혀 죽고 만다. 굳게 닫힌 동굴 문을 열 수 있는 마법의 주문, '열려라 참깨'를 아느냐 모르느냐에 따라 두 사람의 인생이 달라진 것이다.

알리바바가 '열려라 참깨'를 통해 보물을 얻었듯이 마음의 문을 여는 마법의 주문이 있다면 얼마나 좋을까? 그 주문만 알고 있으면 누구나 타인의 마음을 쉽게 열 수 있고, 좋은 인간관계를 형성할 수 있을 것이다. 또 가정과 직장, 사회에서 소통의 폭을 넓혀 갈등을 불러일으키는 오해와 불신을 허물 수 있을 것이다. 과연 이런 일을 가능하게 해 줄 마법의 주문은 존재하는 것일까? 만약 있다면 그것은 과연 무엇일까?

지금부터 나는 한 권의 책을 쓸 것이다. 사회에서 처음 만나는 사람, 가족, 친구, 연인, 그리고 고객의 마음을 여는 마법의 주문에 대해 알려 줄 것이다. 이 책을 읽고 나면 틀림없이 여러분은 타인의 마음을 사로잡을 수 있을 것이다. 아울러 우리가 그토록 간절히 원하는 성공과 행복을 손안에 넣을 수 있을 것이다. 아무쪼록 이 책이 여러분의 삶에 큰 변화와 새로운 기회를 가져다주기를 바라며 마음의 문을 여는 마법의 주문을 찾아 함께 비밀의 동굴로 들어가 보자. 열려라 참깨!

푸른고래
양광모

CONTENTS

66

아무 것도 시도할 용기를 갖지 못한다면
인생은 대체 무엇이겠는가

99

빈센트 반 고흐

제1장

첫 번째 주문

관 심

◦ 문 뒤에는 무엇이 있을까? ◦

마음을 여는 일곱 가지 주문

어린 왕자는 여우한테 다시 와서 작별인사를 했다.

"잘 있어."

"잘 가. 이제 비밀을 가르쳐 줄게. 아주 간단한 거야. 세상을 잘 보려면 마음
 으로 보아야 한다는 거지, 제일 중요한 것은 눈에는 보이지 않거든."

"제일 중요한 것은 눈에는 보이지 않는다." 어린 왕자는 그 말을 되뇌었다.

"네가 장미꽃에 바친 시간 때문에 그 장미꽃이 그렇게 중요하게 된 거야."

"내 장미꽃에 바친 시간 때문에..."

어린 왕자는 잊어버리지 않으려고 되풀이해서 말했다.

"사람들은 이 진리를 잊어버렸어. 하지만 너는 잊어버리면 안 돼. 네가 길들
 인 것에 대해서는 영원히 네가 책임을 지게 되는 거야. 너는 네 장미꽃에
 대해서 책임이 있어."

"나는 내 장미꽃에 대해서 책임이 있다."

어린 왕자는 머리에 새겨 두기라도 하듯이 다시 한 번 말했다.

– 생텍쥐페리의 '어린왕자'에서

퇴근 무렵 갑자기 비가 내리기 시작했다. 나는 따끈한 국물에 소주 한 잔이 간절했다. 아니, 소주 한 병을 통째로 가슴속에 들이붓고 싶었다. 그러면 답답한 마음이 조금 풀어질까? 어떻게 할까 망설이다 그냥 집으로 발길을 돌렸다. 아무래도 혼자 술을 마시기에는 마음이 내키지 않았다. 집에 도착했다. 초인종을 누르기가 두려웠다. 혹시나 하는 마음에 초인종을 눌렀지만 아무런 대답이 없었다. 다시 문을 두드려 보았다. 역시 아무런 인기척이 없었다. 허탈한 마음으로 열쇠를 꺼내 문을 열었다. 집 안은 어둠만이 가득했다. 아내가 집을 나간 지 벌써 사흘이 지나고 있었다.

옷을 갈아입고 서재로 들어갔다. 책상 앞에 혼자 우두커니 앉아 있으니 아내의 빈 자리가 더 크게 느껴졌다. 이럴 때 알라딘의 요술램프라도 있으면 얼마나 좋을까! 램프의 요정을 불러내어 몇 마디 명령만 하면 모든 문제가 해결될 텐데…. 직장에서의 골치 아픈 일들도, 아내와의 문제도 간단하게 해결할 수 있을 텐데….라고 푸념만 할 것이 아니라 실제로 나는 램프의 요정을 불러내기로 결심했다. 어떻게 불러낼 거냐고? 쉿! 내게는 다른 사람들 몰래 간직하고 있는 마법의 램프가 하나 있다. 그것이 진짜인지 가짜인지는 중요한 문제가 아닐테니 자, 그럼 우리 함께 램프의 요정을 불러볼까?

나는 담배 한 개비를 입에 물고 불을 붙였다. 담뱃불이 빨갛게 달아올랐다. 잠시 후 나는 책상 서랍에서 마법의 램프를 꺼내 높이 쳐들고 말했다. "램프의 요정아! 알리바바를 우리 앞에 데려다 다오!" 동시에 나는 깊게 들이마신 담배연기를 후우 길게 내뿜었다. 잠시 후 그 연기 속으로 알리바바의 모습이 나타났다.

"무슨 일인가요? 저는 지금 동굴 속으로 보물을 가지러 가야 합니다"
알리바바는 담담한 표정으로 내게 말했다. 나는 반가운 마음에 알리바바의 손을 덥썩 잡으며 말을 건넸다.

"알리바바님, 당신의 도움이 필요합니다. 저를 좀 도와주세요. 당신은 '열려라 참깨'라는 주문을 알게 되어 큰 부자가 되었습니다. 도적들이 보물을 숨겨놓은 동굴의 문을 마음대로 열고 닫을 수가 있었죠. 혹시 인간관계에도 마음의 문을 여는 마법의 주문이 있을까요? 만약 그런 마법의 주문이 있다면 저에게도 알려주세요. 저는 오늘 직장에서 부하직원을 심하게 혼냈습니다. 다음 달에 열리는 임원회의에서 하반기 마케팅계획을 보고해야 하는데, 전혀 준비를 하지 않았더군요. 너무나 화가 났습니다. 도대체 무슨 일인가 따져 물었더니 부하직원은 우물쭈물하며 아무 일 아니라고 하더군요. 그냥 업무가 바빠서 못 했을 뿐이라는 겁니다. 혹시 마케팅계획안에 대해 다른 의견이 있으면 말하라고 해도 일체 속내를 털어놓지 않더군요. 제가 보기에는 분명히 할 말이 있는 것 같은데도 말이죠. 도대체 무슨 생각을 하고 있는 건지 그 마음속으로 들어가 보고 싶었습니다."

"그래요? 무척 답답했겠군요. 꾹 다물고 있는 입만큼이나 그 사람의 마음도 꾹 닫혀있군요." 알리바바가 고개를 끄덕이며 말했다.

"네, 그 일뿐이 아닙니다. 사흘 전에는 아내와 말다툼을 벌였습니다. 그날 이후 아내는 집을 나갔고, 지금까지 돌아오지 않았어요. 정말 답답하네요. 제 마음을 몰라주는 아내가 너무 야속하고 왜 그런 행동을 했는지 이해할 수 없습니다. 도대체 아내는 뭐가 불만일까요? 그리고 강 과장은 무엇이 문제일까요? 정말 궁금합니다. 어떻게 하면 다른 사람의 마음 문을 열 수 있는지, 열려라 참깨! 같은 마법의 주문을 알려주세요. 제발!" 알리바바는 무언가 골똘히 생각하더니 이내 말을 꺼냈다.

"당신의 마음이 그렇다니 어쩔 수 없군요. 제가 도와드려야지요. 좋습니다. 마음의 문을 여는 마법의 주문에 대해 알려주겠습니다. 그 대신 몇 가지 조건이 있습니다."

"조건이라구요? 말씀하세요. 어떤 조건이든지 다 감수할게요."

"마음을 여는 마법의 주문을 알려주면 반드시 세 가지 약속을 지켜야 합니다. 첫 번째, 마음의 문을 여는 마법의 주문이 영원히 남을 수 있도록 글로 써서 책으로 남겨주기 바랍니다. 두 번째, 많은 사람들에게 강의를 통해 마법의 주문이 전파될 수 있도록 노력해 주십시오. 마지막 세 번째는 여섯 번째 마법의 주문을 알려주고 난 후에 다시 알려주겠습니다. 이 세가지 약속을 모두 지킬 수 있겠습니까?"

약속사항을 설명하는 알리바바의 얼굴은 매우 진지해 보였다. 마지막 약속이 어떤 것인지 알 수 없지만, 두 가지 사항은 그리 어려운 일이 아니다. 나는 반드시 그 약속을 지키겠노라고 알리바바에게 맹세했다. 알리바바가 다시 입을 열었다.

"오늘부터 일주일 동안 하루에 한 가지씩 마법의 주문을 알려주겠습니다. 매일 밤 8시 6분이 지나면 이곳에서 나를 찾으세요. 물론 내가 먼저 와서 기다릴 수도 있을 것입니다. 자, 그럼 오늘은 첫 번째 주문부터 이야기해 볼까요?"

"첫 번째 주문은 뭔가요?" 나는 마음속으로 '8시 6분은 또 뭐람' 생각하며 질문을 던졌다.

알리바바는 물끄러미 나를 쳐다보더니 책상 위에 있는 카세트를 손가락으로 가리켰다.

"혹시 음악 듣는 거 좋아하나요?"

"네. 음악 감상이 유일한 취미입니다." 나는 영문을 몰라 어리둥절해하며 알리바바의 질문에 대답했다

"지금 카세트에 어떤 테이프가 꽂혀 있죠? 잠깐 음악을 들어 볼 수 있을까요?"

"글쎄요…"

카세트를 열어 확인해 보니 가수 이선희의 3집 테이프가 들어 있었다. 시작 버튼을 누르니 음악이 흘러나왔다. "알고 싶어요"라는 노래였다. 알리바바가 흥얼흥얼 가사를 따라 부르기 시작했다. 나도 입속에서 노래가사를 중얼거리며 알리바바의 다음 이야기를 기다렸다.

"달 밝은 밤에 그대는 누구를 생각하세요~♪ 잠이 들면 그대는 무슨 꿈꾸시나요~♫ 깊은 밤에 홀로 깨어 눈물 흘린 적 없나요. 때로는 일기장에 내 얘기도 쓰시나요~ 나를 만나 행복했나요. 나의 사랑을 믿나요. 그대 생각 하다 보면 모든 게 궁금해요 ~♪"

"하루 중에서 내 생각 얼마큼 많이 하나요~♫ ♩ ♪ 내가 정말 그대의 마음에 드시나요. 참새처럼 떠들어도 여전히 귀여운가요~♩ 바쁠 때 전화해도 내 목소리 반갑나요. 내가 많이 어여쁜가요. 진정 나를 사랑하나요~♪ 나는 정말 알고 싶어요. 얘기를 해주세요~♩ ♪"

노래가 모두 끝나자 알리바바는 잘 모르겠느냐는 표정으로 나를 바라보았다. 도대체 무슨 말을 하고 싶은 걸까? 나는 조바심이 났다. 내가 대답을 제대로 못 하자 알리바바가 설명했다.

"노래를 듣고 뭐 느낀 거 없어요? 마음의 문을 여는 첫 번째 주문은 '관심'입니다. 관심은 호기심, 궁금증, 알고 싶은 마음이죠. 이선희의 노래처럼 상대방이 무슨 생각을 하고, 무슨 꿈을 꾸는지 궁금해하는 것입니다. 상대방을 생각하면 모든 게 궁금해지고 알고 싶어지는 것, 그것이 바로 첫 번째 마법의 주문입니다." 알리바바는 쉬지 않고 계속 말을 이어갔다.

"알리바바와 40인의 도적 이야기를 생각해 볼까요? 나는 숲속에 갔다가 도적들이 몰려오는 소리를 듣고 나무 위로 올라갔습니다. 그리고 도적들이 바위 앞에서 '열려라 참깨'라는 주문을 외치고 열린 동굴 속으로 들어가는 것을 보았습니다. 도적들이 다시 동굴 속에서 나와 어디론가 사라진 후, 나는 재빨리 나무에서 내려와 바위 앞에 섰습니다."

"나는 저 동굴 속에 도대체 뭐가 있는지 궁금해서 견딜 수 없었지요. 그래서 나도 도적들이 한 것처럼 '열려라 참깨'를 외쳤습니다."

"만약 내가 닫힌 문 뒤에 뭐가 있는지 아무런 관심이 없었다면 어떻게 됐을까요? 아마 문은 열리지 않았을 겁니다. 마음의 문도 마찬가지입니다. 마음의 문을 열려면 그 문 뒤에 무엇이 있는지 궁금하고 알고 싶어져야 합니다. 관심이 없으면 절대로 문은 열리지 않지요."

"궁금하지 않고, 알고 싶지 않으면 문은 열리지 않는다?"
나는 알리바바의 말을 소리 내어 따라 해 보았다.

"그렇습니다. 마음의 문 뒤에 무엇이 있는지 궁금해야 합니다. 마음의 문을 열고 들어가면 그 속에 무엇이 있을지, 어떤 생각을 하고, 어떤 감정에 사로잡혀있고, 어떤 상황에 놓여 있는지 궁금해야 합니다. 하루 중에 내 생각을 얼마나 하는지, 나를 만나 행복한지, 깊은 밤에 홀로 깨어 눈물 흘린 적은 없는지 알고 싶어야 합니다. 마음의 문 뒤에 무엇이 있는지 알고 싶을 때만 우리는 '열려라 참깨'를 외치게 됩니다."

알리바바의 목소리가 한층 높아졌고 얼굴은 상기되어 있었다. 열정적인 모습이었다.

"그러나 대부분의 사람들은 다른 사람의 마음을 헤아리는 일에 별 관심이 없습니다. 오직 자신의 생각, 자신의 감정, 자신이 처해있는 입장만 생각합니다. 남을 알기보다는 자신에 대해 먼저 알고 싶어 하죠. 그러니 다른 사람의 마음 문은 아예 열 생각조차 못 합니다. 마음의 문을 열기 위해 가장 먼저 필요한 것은, 문 뒤에 무엇이 있는가 관심을 갖는 일입니다. 누군가를 처음 만났을 때 그 사람이 어떤 사람인지 관심을 가져야 합니다. 직장에서는 부하직원들이 어떻게 생각하는지, 집에서는 아이들이 무엇을 고민하는지 헤아려야 합니다. 상대방에 대한 관심이 없으면 마음의 문을 열 수 없습니다."

알리바바는 잠시 말을 멈추었다가 마디마디 끊어가며 강조했다.

'마 음 의 문 뒤 에 는 무 엇 이 있 을 까?'

"지금부터 굳게 닫힌 마음의 문 뒤에 무엇이 숨어있을까 관심을 가져보세요. 자! 첫 번째 주문을 알려주었으니 오늘은 이만 돌아갑니다. 내일 다시 만나서 두 번째 주문에 대해 이야기해 보죠. 두 번째 주문은 '두드려라. 그러면 물을 것이다' 입니다. 다시 만날 때까지 첫 번째 주문에 대해 잘 생각해 보고, 또 만납시다."

알리바바가 사라진 후 나는 '마음의 문 뒤에 무엇이 있는지 관심을 가져라'는 첫 번째 주문에 대해 생각해 보았다. 그러다 문득 오래전에 한 스님과 나눴던 이야기가 떠올랐다. 자신의 이름을 전도연이라고 소개하기에 그 이유를 물었더니 전등사에 사는 도연(법명) 스님이라는 뜻이라고 했다. 도연스님이 워낙 재치 있고 깊은 학식을 지닌 듯하여 질문을 던져 보았다.

"스님, 마음을 다스리려면 어떻게 해야 합니까?"

"먼저 마음이 어디에 있는지 알아야 합니다. 마음은 어디에 있습니까?"

"글쎄요? 머릿속에 있나요? 아니면 가슴속에?"

"마음은 몸 안에 있는 것이 아닙니다. 마음은 콩밭에 가 있습니다."

"네? 그게 무슨 말씀이십니까? 콩밭이라뇨?"

"사람의 마음은 몸 밖에 있습니다. 어떤 사람의 마음은 돈에, 어떤 사람은 건강에 가 있습니다. 어떤 사람은 친구에게, 연인에게, 월드컵 축구에, 해외여행에 마음이 있지요. 그러니 마음을 다스리려면 마음이 있는 곳을 먼저 찾아야 합니다."

"마음은 몸 밖에 있다 …"

그 때 나는 도연스님의 선문답을 들으며 적잖이 혼란스러웠다. 알리바바의 첫 번째 주문을 들었을 때와 비슷한 기분에 사로잡혔다. 도대체 무엇일까? 도연스님은 '마음은 몸 밖에 있다'고 말했고, 알리바바는 '마음의 문을 열려면 먼저 관심을 가져야 한다'고 말했다. 그렇다면 마음의 문을 열기 위해서는 먼저 상대방의 마음이 어디에 가 있는지를 찾아야 하고, 그것이 바로 알리바바가 강조하던 관심이라는 의미일까?

이런저런 생각에 잠겨있을 때 갑자기 초인종이 울렸다. 아마 고등학교에 다니는 큰딸이 학원에서 돌아온 모양이다. 현관문을 열어주니 키가 껑충 큰 아이 한 명이 밖에 서 있었다. 몇 년 전만 해도 아빠 품에 안겨 재롱을 떨던 아이가 어느덧 훌쩍 어른이 되어 있었다. 딸은 무표정한 얼굴로 인사를 꾸벅 하고는 제 방으로 들어가 버렸다. 나는 딸아이의 뒷모습을 바라보면서, 최근에 회사일이 바쁘다는 핑계로 아이와 대화를 나눈 적이 거의 없다는 사실이 마음에 걸렸다. 저 아이는 아빠에게 마음의 문을 열어놓고 있는 것일까? 고민거리가 생기면 언제든지 나에게 마음을 털어놓을 수 있을까? 혹시 학교생활에서 어려운 점은 없을까? 요즘은 어떤 친구와 어울리고 있을까?

며칠 전 신문기사를 보고 놀랐던 경험이 있어 딸의 마음이 더더욱 궁금해졌다. 어떤 여성단체에서 가족관계에 대한 여론조사를 실시했다. 대한민국 40대 이상의 남성들에게 "딸에게 고민거리가 생기면 당신에게 털어놓고 이야기할 것이라고 믿느냐?"는 질문에 52%의 아빠들이 "그렇다"고 대답했다. 반면 중·고등학교에 다니는 여학생들에게 "고민거리가 생기면 아빠에게 털어놓고 이야기할 수 있느냐?"는 질문을 하였더니 불과 3%만이 "그렇다"고 대답했다. 사랑하는 가족 간에도 마음의 문을 닫고 사는 게 우리 사회의 현실이다. "하루에 10분 이상 대화를 나누는 가정이 15% 미만"이라는 통계수치가 기사에 함께 실려 있어 씁쓸했다.

걱정스런 마음으로 딸아이에 대해 궁금한 점을 생각하다 보니, 알리바바가 말한 첫 번째 주문의 의미가 조금씩 이해되기 시작했다. 딸아이의 마음 문을 열려면 먼저 그 마음속에 무엇이 있는지 궁금해져야 한다. 관심이 없으면 마음의 문을 열려는 생각을 못 하게 된다. 지금 딸아이의 마음속에는 무엇이 있을까? 또 그 마음은 어디에 가 있을까?

첫 번째 주문의 의미를 깨닫고 나니 나머지 여섯 가지 주문도 빨리 듣고 싶었다. 알리바바를 빨리 만나고 싶은 마음이 간절해졌다. 나는 첫 번째 주문을 몇 번이고 되뇌며 잠을 청했다.

"마음의 문을 열려면 그 문 뒤에 무엇이 있는지 궁금하고 알고 싶어져야 한다. 마음이 어디에 가 있는지 알아야 한다. 마음의 문을 여는 첫 번째 주문은 관심이다."

인생살이를 서로 덜 힘든 것으로 만들려

애쓰지 않는다면 우리는 무엇 때문에 사는가

조지 엘리엇

제2장

두 번째 주문

신호

◦ 두드려라! 그러면 물어볼 것이다 ◦

마음을 여는 일곱 가지 주문

아침에 일어나니 빗줄기가 더욱 굵어져 있었다. TV에서는 우리나라가 아열대 기후의 특징을 보이기 시작했다는 뉴스를 전하고 있었다. 간단하게 아침을 먹고 집을 나왔다. 사무실로 들어서니 어제 내게 야단을 맞던 강 과장이 어색한 인사를 건넨다. 나도 겸연쩍은 웃음을 지으며 자리에 앉았다. 컴퓨터를 켜고 메일함을 열려는 순간, 어제 알리바바가 알려준 첫 번째 주문이 떠올랐다.

"문을 열고 싶으면 관심을 가져야 한다. 그 문 뒤에 무엇이 있는지 알고 싶어야 한다."

알리바바의 말대로라면 나는 먼저 강 과장에게 관심을 가져야 한다. 그리고 강 과장의 마음의 문 뒤에 무엇이 있는지 궁금해야 한다. 그러고 보니 나는 강 과장에 대해 알고 있는 게 별로 없다.

과연 얼마나 알고 있을까 궁금한 마음에 A4용지 한 장을 책상 위에 올려놓고 강 과장에 대한 질문을 적어보았다.

⟨강 과장은 누구인가?⟩

1. 고향은?

2. 부모형제는?

3. 아내와 자녀는?

4. 졸업한 학교는?

5. 지금까지의 주요경력이나 활동은?

6. 취미는?

7. 특기나 잘하는 것은?

8. 약점이나 잘 못하는 것은?

9. 지금 가장 관심을 가지고 있는 사항은?

10. 앞으로의 꿈이나 목표는?

11. 키, 체중, 혈액형은?

12. 음주나 흡연은?

13. 건강상태는?

14. 종교는?

15. 친구관계는?

16. 좋아하는 음식은?

17. 싫어하는 음식은?

18. 잘 부르는 노래는?

19. 좋아하는 스포츠는?

20. 좋아하는 연예인이나 스타는?

21. 존경하는 인물은?

22. 재테크, 자산관리는?

23. 인생관, 좌우명은?

24. 성격은?

25. 회사에 대한 생각은?

26. 부서에 대한 생각은?

27. 업무에 대한 생각은?

28. 고민이나 갈등을 겪고 있는 사항은?

29. 회사에서 하고 싶은 일은?

30. 업무추진 스타일은?

30여 가지 질문 중에서 내가 어느 정도 알고 있는 항목은 겨우 7가지였다. 강 과장과는 같은 부서에서 5년째 근무하고 있다. 그런데도 강 과장에 대해 확실하게 아는 것이 이것밖에 없다니 놀랍고 부끄러웠다. 결국 나는 강 과장을 한 사람의 인격체가 아니라 한 명의 부하로만 생각해 왔던 것이 아닐까? 그건 내가 인간적인 관심이 아니라 업무적인 관계로만 강 과장을 대해 왔다는 사실을 의미하는 것이다. 마케팅계획안 문제로 혼을 낸 사실과 그동안의 무관심으로 인해 나는 강 과장에게 미안한 마음이 들었다. 어떻게 하면 강 과장의 마음을 풀어주고 닫혀있는 마음의 문을 열 수 있을까? 알리바바가 알려준 첫 번째 주문은 관심이다. 나는 강 과장에 대해 무엇을 궁금해하고 무엇에 관심을 가져야 하는가? 머리가 복잡했다. 그때 갑자기 서 부장의 목소리가 들렸다.

"이사님, 10시부터 월례보고회의 시작인데 회의실로 올라가셔야죠?" 이런! 벌써 10분 전이다. 허둥지둥 보고 자료를 챙겨 엘리베이터를 향해 뛰었다.

2시간에 걸쳐 마라톤회의를 마치고, 점심을 먹고, 지시사항을 공람하며 부서회의를 진행했다. 마지막으로 협력업체 몇 군데와 통화를 하고 그렇게 또 하루가 갔다. 하루 종일 장대비가 퍼붓더니 소강상태에 접어든 듯 이따금씩 가랑비만 흩뿌리고 있었다. 불쑥 아내에게 전화를 걸고 싶었지만 참기로 했다. 지금 전화해봐야 오히려 상황만 더 악화될 것 같았다. '그래, 마법의 주문을 모두 배우고 나면 그때 연락하자. 빨리 집에 가서 알리바바를 만나야겠다.' 사무실을 나오다가 강 과장이 있는 쪽으로 고개를 돌렸다. 강 과장은 컴퓨터 모니터를 바라보며 깊은 생각에 잠겨있었다. 나는 강 과장 곁으로 가서 책상을 똑똑 몇 번 두드렸다.

"비도 오는데 오늘은 그만 정리하고 일찍 들어가. 참, 아기가 8개월쯤 지났나? 한창 귀여울 때지?"

"요즘은 퇴근해서 아이 보는 맛에 삽니다."
강 과장의 얼굴에 미소가 번졌다.

"그래, 지금이 가장 예쁠 때지. 빨리 가서 아이랑 놀아줘. 나는 먼저 나가네."

"네. 내일 뵙겠습니다."

집으로 돌아와 문 앞에서 초인종을 누를까 말까 망설이다, 그냥 열쇠를 꺼내 문을 열었다. 기다려 주는 사람이 없는 텅 빈 집은 마치 오아시스 없는 사막을 걷는 기분이었다. 옷을 갈아입고 냉장고를 열어보니, 아내가 집을 나가기 전 끓여놓은 김치찌개가 조금 남아있었다. 가스레인지에 데워 김치 몇 조각과 밥 한 공기를 차려 놓고 의자에 앉았다. 갑자기 서글픈 마음이 북받쳤다. 내가 무얼 잘못했단 말인가? 행복하게 살아보겠다고 열심히 노력한 죄밖에 없는데. 지난 20여 년간 오로지 가족을 위해 모든 어려움을 참고 견뎌왔다. 열심히 일했고 묵묵히 회사를 다녔다. 그런데 지금의 내 모습은 말라비틀어진 찬밥 신세다. 폭발할 것 같은 마음을 진정시키고 겨우 식사를 마쳤다. 후식으로 진한 커피 한 잔을 들고 서재로 갔다. 시계 바늘이 밤 9시를 조금 지나고 있었다.

"8시 6분 이후면 된다고 했지? 알리바바님, 어디에 계세요?"

"여기 있습니다." 알리바바가 서재 한쪽 구석에서 그림자처럼 불쑥 나타났다. 손에 책 한 권이 들려있었다. 무슨 책일까 궁금했다.

"오늘은 마음의 문을 여는 두 번째 주문 '두드려라, 그러면 물을 것이다'에 대해 이야기하겠습니다. 혹시 집에 들어올 때 초인종을 눌렀나요?" 알리바바가 말했다.

"아니요. 그냥 열쇠로 문을 열고 들어왔습니다. 집에 아무도 없을 것 같아서요." 나는 알리바바가 질문하는 의도를 추측해보며 대답했다.

"그러면 마음의 문은 어떨까요? 다른 사람의 마음 문을 열려면 그냥 들어갈 수 있을까요? 현실의 문은 열쇠가 있으면 아무 때나 열고 들어갈 수 있지만 마음의 문은 그렇지 않습니다. 마음의 문은 상대방이 열어주기 전에는 절대로 들어갈 수 없습니다. 따라서 다른 사람의 마음을 열고 싶으면 문을 열어달라는 신호를 보내야 합니다. 우리가 현실에서 문을 열어달라고 알리는 신호에는 여러 가지 방법이 있지요. 아주 옛날에는 문 앞에 서서 '이리 오너라' 하고 소리를 외쳤고, 그러다가 노크를 하고, 지금은 대부분 초인종을 누릅니다."

그 때, 알리바바의 손에 들려있는 책 제목이 눈에 들어왔다. 우리나라 전래동화 "해님 달님" 이야기였다. 딸아이가 초등학교 때 내가 사 준 책인데 무슨 이유로 알리바바의 손에 있는 것일까? 내 생각을 아는지 모르는지 알리바바는 하던 말을 계속 이어갔다.

"알리바바와 40인의 도적 이야기를 다시 해 볼까요? 이야기에 보면 '그는 바위 앞에 서서 '열려라 참깨'라고 말했다.'고 적혀있습니다. 조금 전에 이야기한 것과 마찬가지로 알리바바도 문을 열기 위해서는 신호를 보낸 것이죠. 물론 알리바바는 마법의 주문을 사용했기 때문에 동굴의 문이 저절로 열렸지만, 인간관계에서 마음의 문이 저절로 열리는 경우는 많지 않습니다. 내 얘기

듣고 있나요? 내가 왜 이 책을 손에 들고 있는지 궁금한가요?"
알리바바는 책을 흔들어 보였다. 살짝 띤 미소가 나를 더 궁금하
게 만들었다.

"네, 맞습니다. 그 책은 제가 딸에게 선물했던 것인데, 두 번
째 주문과 어떤 관계가 있는지 궁금합니다." 나는 호기심에 가
득 찬 마음으로 물었다.

"아시는 것처럼 해님 달님 이야기는 이런 내용입니다. 어떤 어
머니가 잔칫집에서 얻은 떡을 가지고 집으로 돌아가는데 호랑이
가 나타납니다. 호랑이는 길을 가로막고 "떡 한 개 주면 안 잡아
먹지"라며 어머니에게 말합니다. 어머니는 살기 위해 가지고 있
던 떡을 모두 주지만, 결국 호랑이에게 잡아먹힙니다. 호랑이는
어머니의 옷으로 변장한 뒤 집으로 와서 아이들에게 문을 열어
달라고 하지요. 아이들은 호랑이에게 물어봅니다. "누구세요?"
그러자 호랑이는 엄마 목소리를 흉내 내어 "엄마다"라고 말합니
다. 아이들은 엄마 목소리가 좀 이상하다고 여겼지만 문을 열어
주고 맙니다." 나는 알리바바가 왜 해님 달님 이야기를 들려주
는지 이해할 수 없었다.

"그 이야기가 무얼 의미하는 거죠?" 알리바바는 답답하다는

듯 한숨을 내쉬더니 이야기를 계속했다.

"지금까지 말한 내용을 정리해 보겠습니다. 첫째, 마음의 문을 열기 위해서는 신호를 보내야 합니다. 둘째, 신호를 보내면 문이 저절로 열리는 것이 아니라 상대방은 "누구세요?"라고 물어봅니다. 셋째, 내가 그 질문에 어떻게 대답하느냐에 따라 문은 열리기도 하고 열리지 않기도 합니다. 예를 들어 지금 누군가가 문 밖에서 초인종을 누른다고 가정해 보죠. 틀림없이 문을 열어주기 전에 "누구세요?"라고 질문하게 될 겁니다. 왜 문을 바로 열어주지 않고 질문을 하게 될까요?"

"당연한 것 아닌가요? 문 밖에 찾아온 사람이 강도나 도둑일 수도 있고, 물건을 팔러 온 잡상인일 수도 있고, 이상한 종교를 전도하러 왔거나, 아니면 내가 싫어하는 이웃집 사람일수도 있잖아요. 여러 가지 불확실한 경우가 많기 때문에 확인한 후에 문을 열어주려는 거죠." 나는 당연한 질문을 한다는 듯 시큰둥하게 대답했다.

"그렇습니다. 어떤 사람인지 모르기 때문에, 또는 알고 있는 사람도 나에게 피해를 주거나 귀찮게 할 수 있기 때문에, 문을 바로 열어주지 않는 것입니다. 내가 안심하고 믿을 수 있는 사람에게만 문을 열어주게 되는 거죠. 마음의 문도 마찬가지입니다. 내가 누군가의 마음의 문을 열고 싶어서 신호를 보내면, 상대방은 '누구세요'라고 묻습니다. 내가 그 질문에 어떻게 대답하느냐에 따라 마음의 문이 열리거나 닫히죠." 알리바바는 첫 번째 주문을 말할 때처럼 한 글자씩 강조하며 또박또박 말했다.

"두 드 려 라! 그 러 면 물 을 것 이 다"

"성경말씀에는 '두드려라. 그러면 열릴 것이다'로 기록되어 있지만, 마음의 문은 다릅니다. 저절로 열리는 것이 아니라 상대방의 물음에 정확한 대답을 해야만 열립니다. 그러나 사람들은 이 사실을 이해하지 못합니다. 문을 두드릴 줄은 알아도 상대방의 질문에 대답할 줄 모릅니다. 아니, 정확하게는 상대방이 마음속으로 묻고 있는 "누구세요?"라는 질문을 듣지 못하는 거죠. 이 질문을 들을 수 있고, 올바르게 대답할 수 있는 사람만이 마음의 문을 열 수 있습니다. 자! 오늘은 여기까지만 하기로 하죠. 내일 다시 와서 어떻게 질문에 답해야 하는지 알려주겠습니다. 내일 들려 줄 세 번째 주문은 '나는 나쁜 경찰이 아닙니다.'입니다. 다음 만남 때까지 첫 번째부터 세 번째 질문에 대해 곰곰이 생각해 보세요." 알리바바는 이야기를 마치자마자 등을 돌린 채 사라져버렸다. 나는 급한 마음에 알리바바를 향해 소리쳤다.

"잠깐만요! 저는 아직 이해되지 않는 부분이 있습니다. '두드려라. 그러면 물을 것이다'라는 말은 충분히 이해가 됐습니다. 그런데 문을 열기 위한 신호는 무엇인가요? 마음의 문을 열기 위해서는 어떤 신호를 보내야 하나요?"

다시 나타난 알리바바가 나를 향해 엄지손가락을 치켜세우며 말했다.

"좋은 질문입니다. 사람은 질문하는 것에 대해서만 알 수 있죠. 질문하지 않는 사항은 절대로 알 수 없습니다. 앞으로도 마음의 문을 여는 주문에 대해 스스로 많은 질문을 던져보기 바랍니다. 마음의 문을 열기 위한 신호에는 과연 어떤 것이 있을까요? 그 질문에 대답을 하려면 먼저 마음의 문을 연다는 것이 무슨 의미인지 생각해 봐야 합니다. 마음의 문을 연다는 것은 자신의 마음속을 보여준다는 것입니다. 자신의 생각, 감정, 상황에 대해 있는 그대로 알려주는 것이죠. 또 반대로는 다른 사람을 자신의 마음 안으로 받아들인다는 것입니다. 다른 사람의 생각과 감정을 이해하고 수용하는 것이죠. 따라서 마음의 문을 열기 위해서는 다음과 같은 신호를 보내야 합니다."

마음의 문을 열어 달라는 신호

❶ 마음을 열고 이야기해 볼까요?

❷ 사실대로 말해 주시겠습니까?

❸ 진심을 알고 싶습니다.

❹ 솔직한 의견을 듣고 싶습니다.

❺ 허심탄회한 대화를 나누고 싶습니다.

❻ 아무 걱정 말고 편안하게 말해주세요.

❼ 당신에 대해 알고 싶습니다.

❽ 당신이 어떻게 생각하는지 궁금합니다.

❾ 당신이 어떻게 느끼고 있는지 알고 싶습니다.

❿ 당신이 어떤 상황에 처해 있는지 알고 싶습니다.

알리바바는 책상 주변을 서성이면서 말했다.

"마음을 열어달라는 신호는 반드시 언어로만 가능한 게 아닙니다. 스킨십이나 보디랭귀지를 통해서도 가능하고, 선물이나 호의제공을 통해서도 가능합니다. 어젯밤에 딸이 자기 방으로 들어가는 뒷모습을 바라보며 '마음의 문'에 대해 생각하지 않았나요? 마음의 문을 열고 싶으면 문을 열어달라고 신호를 보내야 합니다. '아빠는 네가 무슨 생각을 하는지 궁금하단다.'라고 딸에게 말을 건네야죠. 딸의 두 손을 꼭 잡고 눈을 바라보며 눈빛으로 질문을 건넬 수도 있고요. 그러면 아이는 마음속으로 물어볼 것입니다. 어떻게 질문할까요? 설마 '누구세요?'라고 질문하지는 않겠죠?" 알리바바는 작은 소리로 웃었다. 얼떨결에 나도 따라 웃었다. 딸이 아빠한테 누구세요? 라고 한다면, 아! 이보다 더 슬픈 일이 또 있을까. 웃긴 했지만 사실은 딸아이 생각에 마음이 불편했다.

"따님이 무슨 질문을 할 것 같은지 내일 저녁까지 잘 생각해 보세요. 오늘은 정말로 이만 돌아가야 합니다. 무척 피곤하군요. 내일 다시 찾아오겠습니다." 내가 미처 대답할 시간도 주지 않은 채 알리바바는 연기처럼 사라져 버렸다. 다시 정적이 흘렀다. 나는 거실에 혼자 남아 입 밖으로 소리 내어 중얼거려 보았다.

'두드려라! 그러면 물을 것이다. 내가 딸의 마음 문을 열기 위해 신호를 보내면 아이는 뭐라고 질문할까?'

어느새 자정이 지나고 있었다. 마음 같아서는 지금 바로 딸의 방으로 들어가 대화를 나눠 보고 싶었지만 참기로 했다. 일곱 가지 주문을 모두 알 때까지 기다리기로 결심했다. 그래봐야 이제 5일밖에 안 남았다. 5일 뒤에는 딸과 아내, 강 과장과 세상 사람들의 마음 문을 여는 '마법의 주문'을 모두 알게 될 것이다. 그렇게 희망을 가지니 답답했던 마음이 설렘으로 가득했다.

"

사람을 침묵시켰다고 해서
그의 마음을 변화시킨 것은 아니다.

"

존 모리

제3장

세 번째 주문

호 의

◦ 나는 나쁜 경찰이 아닙니다 ◦

마음을 여는 일곱 가지 주문

＊

　자명종 소리에 깜짝 놀라 눈을 떠 보니 아침 7시였다. 오늘은 일요일인데 깜빡 잊고 알람시간을 변경해 놓지 않은 것이다. 자명종을 끄고 다시 침대에 누웠지만 이상하게 잠이 오지 않았다. 한참동안 이리저리 뒤척이며 고민하다 결국 자리에서 일어났다. 거실로 나와 TV를 켜니, 연휴를 맞아 야외로 나간 사람들의 모습이 보였다. 그래, 오늘은 모처럼 등산이나 가야겠다.

　아침을 먹고 호성이와 선호에게 전화를 했다. 두 명 모두 인터넷 모임에서 만난 사회 동생들인데 알고 지낸 지가 벌써 10년이 넘었다. 다행히 두 명 모두 별다른 일정이 없다고 말했다. 30분 뒤에 내가 사는 아파트 단지 입구에서 만나기로 하고 전화를 끊었다.

　딸은 오늘도 서울에 있는 보컬학원에 나가는 모양이다. 금년 초, 느닷없이 가수가 되겠다고 선언하여 집안에 한바탕 소동이 있었다. 어떻게 하면 좋을지 고민 끝에 긍정적인 관점에서 딸의 결심을 지원해 주기로 하고, 압구정동에 있는 SM아카데미에 등록해 주었다. 처음에는 제 풀에 지쳐 곧 중단하지 않을까 싶었는데 벌써 6개월째 열심히 다니고 있다. 4개월 뒤 함께 노래방에 갔을 때는 정말 깜짝 놀랐다. 그동안 노래솜씨가 몰라보게 좋아졌던 것이다. 내가 알고 있던 목소리와 전혀 다른 목소리로 휘트니 휴스턴의 노래를 부르는 딸이 너무도 대견하고 신기했다. 마음이 가는 곳에 몸도 따라간다고 했다. 일요일이면 깨우지 않아도 스스로 일어나 머리를 감고, 이 옷 저 옷을 입어보며 한바탕 야단법석을 떨었다. 그 모습이 그저 기특할 뿐이었다. 보컬학원을 다니기 전이라면 늘어지게 잠만 자고 있었을 테니까. 지갑에서 이만 원을 꺼내 딸에게 주었다. 점심 때 맛있는 것을 사먹으라고 당부한 뒤 집을 나왔다.

내가 사는 곳에서 자동차로 20여 분을 가면 수암봉이 나온다. 해발 395m의 얕은 산봉우리인데 수리산 줄기에 해당된다. 암벽을 타고 오르면 1시간이 채 못 걸리고, 능선을 타고 올라도 1시간 30여 분이면 정상에 오를 수 있는 산이다. 우리는 암벽이 있는 코스를 택하여 세 명이 앞서거니 뒤서거니 하며 산을 올랐다. 중간에 한 번 휴식을 취하고 정상에 오르니 시원한 바람이 상쾌하다. 바위에 걸터앉아 산 밑으로 펼쳐진 풍경을 무심히 바라보고 있는데, 갑자기 2년 전 일이 떠올라 옆에 있던 선호에게 물어보았다.

"선호야, 예전에 여기 오면 정상 조금 못 미쳐서 조막걸리 팔던 사람 있었잖아. 혹시 어디쯤이었는지 기억나니?"

"예, 형님. 저기 보이는 길로 내려가면 헬기 착륙장 근처예요. 예전에는 항아리를 갖다 놓고 팔았는데 요즘도 하는지 모르겠네요. 거기 막걸리 맛이 정말 끝내줬죠. 혹시 아직도 있으면 내려가는 길에 한잔 하실래요?" 선호도 입맛이 당기는 모양이다.

우리는 정상을 향해 올라왔던 등산로와 반대방향으로 하산했다. 내려가는 길에 조막걸리 파는 사람을 찾아보았지만 안타깝게도 없었다. 헬기장 근처 나무에는 '상행위 금지' 현수막이 걸려있었다. 아마 단속 때문에 그만둔 모양이었다. 허전하고 아쉬운 마음에 나는 쉽게 자리를 뜨지 못하고 헬기장 주변을 서성거렸다. 단지 시원한 막걸리를 먹지 못한다는 서운함 때문만은 아니었다. 그건 바로 아내와 함께했던 추억 때문이다. 2년 전, 이곳 수암봉 정상에 올랐을 때 아내와 딸이 함께 있었다. 2천 원짜리 조막걸리 한 사발을 나눠 먹으며, 노란 배추 고갱이에 고추장을 찍어 내 입에 넣어주던 아내가 생각났다. 지금쯤 아내는 어디서 무얼 하고 있을까? 아내 생각을 하니 갑자기 조막걸리가 더욱더 간절해졌다.

산중턱에 있는 약수터에서 물을 마시고 산을 내려왔다. 일행은 허기진 배를 채우기 위해 등산로 입구 주차장에 있는 대형음식집으로 들어갔다. 2년 전, 이 집에서 먹었던 묵밥은 아직도 기억이 생생하다. 얇게 간 얼음조각이 서걱서걱 씹히는 시원한 국물에, 쫄깃쫄깃한 묵 한 사발이 가득 담겨 나왔다. 처음 묵밥을 먹었을 때 하도 맛있어서 두 그릇을 후딱 비웠다. 아직도 그 맛이 여전할까?

잠시 후 주문한 묵밥이 나왔다. 음식 맛이 변한 것인지, 입맛이 변한 것인지 예전 같지 않았다. 그래도 한 그릇을 후루룩 먹어치우고 두부김치, 해물파전을 안주삼아 동동주를 마시기 시작했다. 운전을 해야 하는 호성이는 한 잔으로 그치고 나는 선호와 함께 연거푸 술잔을 주고받았다. 모처럼 등산 후에 마시는 술이라 그런지 맛이 좋았다. 산 정상에서 마시지 못했던 조막걸리에 대한 아쉬움도 사라졌다. 몇 잔을 마시고 취기가 도니 평상시에는 잘 하지 않던 말들이 쏟아져 나온다. 회사 얘기도 나오고, 집안 얘기도 나오고, 이런저런 속사정들이 입 밖으로 터져 나오기 시작한다.

"너도 그러냐?"

"형님도 그래요?"

"사람은 다 마찬가지야!"

"맞아요, 맞아!"

"인생이 뭐 별거냐!"

"그렇죠? 짧은 인생을 이렇게 살아야 하나요?"

"형님, 우리 이제 매주 여행 다닙시다."

"위하여!"

저마다 돌아가며 속에 쌓였던 이야기를 하고, 서로의 이야기에 맞장구를 치고, 막걸리 잔을 높이 들어 건배했다. 웃고 떠들고 시끌벅적하게 의기투합을 하다가 결국은 인천 소래항으로 이동하게 되었다. 우리는 생선회에 소주 몇 병을 더 마시고 나서야 자리를 끝낼 수 있었다.

집으로 돌아오니 저녁 8시가 넘었다. 텅 빈 집이 오늘은 더욱 넓어 보인다. 잠시 소파에 앉아 쉬고 있는데 딸에게서 전화가 왔다. 보컬학원에서 알게 된 친구들과 함께 저녁을 먹고 들어오겠다는 것이다. 썰렁한 거실에서 이런저런 생각을 하다 보니 시간은 벌써 9시 30분이 되었다. 서재로 들어가 알리바바를 불렀다.

"알리바바님, 오셨나요?"

"오늘은 기분이 좋아 보입니다. 무슨 즐거운 일이라도 있었나요?" 알리바바가 반가운 목소리로 물었다.

"오늘은 제가 알고 지내는 동생들과 등산도 하고, 술도 마시며 깊은 대화를 나눴습니다. 모처럼 즐거운 시간이었어요." 내가 대답했다.

"그랬군요. 혹시 오늘은 어떻게 해서 마음의 문을 활짝 열고 대화를 나눴는지 생각해 보았나요?" 알리바바의 질문에 나는 가슴이 뜨끔했다. 마음의 문을 여는 것이 그런 상황에도 적용되는 줄 미처 몰랐기 때문이다. 알리바바가 계속해서 말했다.

"마음의 문은 모든 사람들 사이에 존재합니다. 처음 만난 사람과 알고 지내는 사람, 친한 사람과 친하지 않은 사람, 내가 좋아하는 사람과 싫어하는 사람 등 모든 사람과 사람 사이에는 마음의 문이 있고, 마음의 문을 여는 마법의 주문은 똑같이 적용됩니다. 항상 그 사실을 잊지 말고 명심하세요. 다른 사람을 만날 때는 누구를 만나던지 간에 그 사람의 마음의 문에 대해 생각해야 합니다. 오늘 말하기로 한 세 번째 주문이 뭐였었죠?"

"세 번째 주문은 '나는 나쁜 경찰이 아닙니다.'라고 하셨습니다."

"맞습니다. 지금부터 하려는 이야기는 조금 긴 내용이니 귀담아서 들어주세요. 지난번에 우리는 두 번째 주문을 말했는데 그것은 '두드려라! 그러면 물을 것이다.'는 내용이었습니다. 그리고 과연 무엇을 질문하는 것인지 오늘 생각해 보기로 한 것이죠. 혹시 알리바이[alibi]가 뭔지 알고 있나요?" 갑작스런 질문에 당황했다. 나는 머뭇거리며 대답했다.

"알리바이요? 현장부재증명이라고 알고 있습니다만…"

"맞습니다. 검사가 피고의 범죄사실의 존재를 증명하기 위해 제출하는 증거를 본증(本證)이라고 하지요. 이와 같은 본증에 의하여 증명하려는 사실의 존재를 부인(否認)하기 위하여 제출하는 증거를 반증(反證)이라 합니다. 알리바이는 부재증명이라고 하는데 일종의 반증이라고 할 수 있죠."

"알리바이가 세 번째 주문과 무슨 상관이 있나요?" 나는 안개 속을 헤매는 느낌으로 알리바바에게 질문했다.

"조금만 돌려서 이야기해 보겠습니다. 지난 한 달간 일요일에 집에서 쉴 때 어떤 사람들이 찾아왔었는지 생각나는 대로 말해 줄 수 있나요?"

"글쎄요? 음…정수기 필터를 교체하러 왔었고, 우유 배달하는 사람도 왔었고, 신문을 구독하라고 왔었고, 반장아주머니, 그리고 딸아이 친구도 왔었고, 집을 잘못 찾아온 사람도 있었네요. 아래층에 사는 할머니가 손녀를 데리고 왔었고, 그 손녀가 온통 집을 어지럽히고 다니는 바람에 아내가 엄청 속상해했었죠…그리고…또 누가 있었더라…"

"됐습니다. 그 정도면 충분합니다. 자, 천천히 다시 생각해 보죠. 우리가 문을 잠그는 이유가 뭘까요? 누군가 초인종을 눌렀을 때 문을 바로 열어주지 않고 "누구세요?"라고 질문을 합니다. 아마도 일반적으로 이런 경우들이 있기 때문에 그럴 것입니다."

〈 문을 열어주기 전에 '누구세요?'라고 물어보는 이유들 〉

1. 도둑이나 강도일 수 있다.
2. 앙심이나 원한을 품고 찾아온 사람일 수 있다.
3. 필요 없는 물건을 강매하러 온 사람일 수 있다.
4. 신문구독이나 우유배달을 강요당할 수 있다.

5. 사이비 종교를 전도하러 온 사람일 수 있다.

6. 적선이나 후원해달라고 온 사람일 수 있다.

7. 한 번 들어오면 몇 시간이고 머물면서 귀찮게 하는 사람일 수 있다.

8. 집에 들어오면 자기 마음대로 물건을 만지고 어지럽히는 사람일 수 있다.

9. 집에 다녀간 후 물건이 없어졌던 적이 있는 사람일 수 있다.

10. 말이 통하지 않아 함께 대화하는 시간이 아까운 사람일 수 있다.

"위에서 말한 사항들 외에도 무수히 많은 이유가 있습니다. 그 중에서 제일 중요한 것은 상대방이 나에게 악의를 가진 사람이 아닌가 하는 점입니다. 강도나 도둑은 아닌지, 나에게 피해를 주거나 해를 끼치려는 사람은 아닌지 확인하기 위해서죠. 마음의 문을 열 때도 마찬가지입니다. 내가 상대방을 향한 악의가 없다는 것을 증명해 보여야 합니다. 그것이 확인되지 않으면 상대방은 절대로 마음의 문을 열지 않습니다."

"상대방에 대한 악의가 없다는 알리바이를 증명해야 한다?" 나는 고개를 갸우뚱거리며 알리바바의 말을 되풀이해서 읊어보았다. 어리둥절한 내 표정을 살피던 알리바바가 설명을 덧붙였다.

"해님 달님 이야기를 기억하죠? 호랑이가 문을 열어달라고 하자 오누이는 의심을 하며 문을 열어주지 않습니다. 호랑이에게 목소리를 내보라고 하고, 손을 문틈으로 내밀어보라고 말합니다. 하지만 호랑이의 말에 속아 문을 열어주고 맙니다. 바꿔 말하면 호랑이는 자신이 악의가 없다는 알리바이를 증명해 보인 거죠. 자신을 잡아먹으려는 호랑이라는 사실을 알았다면, 오누이는 절대로 문을 열어주지 않았을 거예요. 마음의 문도 마찬가지입니다. 나에게 해를 끼칠 것 같으면 절대로 문을 열어 주지 않습니다. 아무런 피해가 없을 거라는 확신이 있어야 문을 열어줍니다."

알리바바는 잠시 이야기를 멈췄다. 알리바바의 얼굴이 약간 피곤해 보였다. 나는 걱정스런 마음으로 물어보았다.

"따뜻한 커피나 시원한 물 한 잔 갖다 드릴까요?"

"아니, 괜찮습니다. 세 번째 주문에 대해 조금만 더 이야기해보죠. 회사에서 홍보팀장 이 부장과는 사이가 좋은가요? 서로 마음의 문을 열고 지내나요?"

"알리바바님은 모든 것을 알고 있군요. 이 부장은 저의 경쟁자인데 마음의 문이 쉽게 열리겠습니까? 그 사람은 남의 약점이나 실수를 찾아내는 데만 관심이 있고, 악의적인 뒷말을 일삼는 사람입니다. 당연히 저도 꼭 필요한 말 외에 다른 말은 건네지 않습니다."

"그렇습니다. 상대방이 나에 대한 호의가 없으면 마음의 문을 열기 어렵습니다. 부모가 애정표현 없이 야단만 치면 아이들의 마음은 닫힙니다. 상사가 칭찬은 하지 않고 잘못만 나무라면 부하들의 마음이 닫힙니다. 자신의 이익만 챙길 것 같은 영업사원에게는 고객의 마음이 닫힙니다. 모임이나 단체에서도 마찬가지입니다. 내게 악의를 가지고 있는 회원에게는 마음이 닫힙니다. 마음의 문이 열리려면 상대방이 나에게 호의를 가지고 있다는 것이 확인되어야 하고, 최소한 악의가 없다는 사실을 상대방이 알아야 합니다." 알리바바의 말이 끝나자 현관문 열리는 소리가 났다. 밖으로 나가보니 딸아이가 열쇠로 문을 열고 들어왔다.

"이제 오니? 왜 초인종 누르지 않고?"

"세 번이나 눌렀단 말이야. 아무 소리도 안 나서 아빠가 아직 안 들어온 줄 알았어."
딸아이는 뿌루퉁한 표정을 한 채 자기 방으로 들어간다. 엄마가 집을 나간 뒤로는 일체 웃는 모습을 볼 수가 없다. 나는 다시 서재로 들어가 한숨을 내쉬었다.

"어떻게 하면 딸아이의 마음을 달래줄 수 있을까요? 엄마가 집 나간 이유에 대해 모두 아빠 잘못이라고 생각하고 있어요. 지금 마음속으로 무슨 생각을 하고 있을까요? 물어봐도 통 말을 하지 않네요."

"너무 걱정하지 마세요. 일곱 가지 주문을 모두 알게 되면 딸아이의 마음을 열 수 있을 거예요. 조금만 참고 기다리세요. 혹시 '착한 경찰과 나쁜 경찰 심리학'에 대해 알고 있나요?" 알리바바가 내게 물었다.

"착한 경찰과 나쁜 경찰 심리학이요?" 나는 어깨를 으쓱거리며 잘 모르겠다는 뜻을 표시했다.

"착한 경찰과 나쁜 경찰 심리학은 경찰 수사과정에서 나온 용어입니다. 경찰들은 용의자를 심문할 때 의도적으로 역할을 분담합니다. 제일 먼저 나쁜 경찰의 역할을 맡은 사람이 매우 공격적이고 거친 방법으로 용의자를 심문하죠. 욕설과 협박을 퍼부으며 매우 불리한 조사결과가 있을 것이라고 겁을 줍니다. 그러는 동안 착한 경찰의 역할을 맡은 사람은 뒤쪽 편에 가만히 앉아 있거나 이따금씩 나쁜 경찰을 제지하며 용의자의 편을 들어주는 것처럼 행동합니다. 그러다 나쁜 경찰이 자연스럽게 자리를 비우면 착한 경찰이 대신해서 심문을 시작합니다. 먼저 나쁜 경찰의 심문방법을 사과하고 용의자에게 담배나 음료수를 권합니다. 그리고 나쁜 경찰에게 계속 심문당하면 형량이 불리해질 것이니 자신에게 자백을 하면 유리한 형량을 받도록 힘써 주겠다고 설득합니다. 그러면 대부분의 용의자는 착한 경찰에게 모든 것을 털어놓는다고 합니다." 나는 고개를 끄덕였다.

"그렇군요. 마음의 문을 열기 위해 신호를 보내면, 그 사람은 '누구세요'라고 질문을 합니다. 이때 내가 나쁜 경찰이 아니라는 것, 즉 상대방에 대한 나쁜 의도가 없다는 알리바이를 증명해야 한다는 말이군요. 제가 정확하게 이해했나요?"

"맞습니다. 내 앞에 있는 상대방이 나쁜 경찰이라고 생각되면, 마음의 문을 쉽게 열 수 없겠죠. 나에게 호의를 가지고 있거나 최소한 악의가 없는 착한 경찰이라고 판단되어야 마음을 열게 됩니다. 그것이 바로 세 번째 주문, "나는 나쁜 경찰이 아닙니다."의 의미입니다. 오늘은 벌써 시간이 많이 지났네요. 짧게 정리하고 마치기로 하죠. 회사에서 강 과장 때문에 고민이 많은 걸로 알고 있습니다. 강 과장의 마음 문을 열고 싶으면 먼저 호의를 표현해 보세요. 자신에게 호의를 가지고 있다는 사실을 확신하게 되면 마음의 빗장이 조금씩 열릴 겁니다. 그러나 그것만 가지고는 부족하겠죠? 나머지 주문도 함께 알아야 합니다. 내일은 네 번째 주문 '나는 당신을 이해할 수 있습니다'에 대해 이야기해 보기로 해요. 혹시 궁금한 사항이 있나요?" 알리바바가 내 마음을 헤아리듯 질문했다.

"네. 한 가지 궁금한 점이 있습니다. 마음의 문을 열려면 내가 호의를 가지고 있다는 사실이 상대방에게 전달되어야 한다는 말은 잘 알겠습니다. 그런데 어떻게 하는 것이 호의를 전달하는 방법일까요?"

"호의를 전달하는 것은 어렵지 않습니다. 다만 솔직해지기가 어려운 것이죠. 솔직해진다는 것 또한 내 마음의 문을 여는 것입니다. 내가 먼저 마음의 문을 열고 솔직하게 표현하면 됩니다. 보통 다음과 같은 말이나 행동을 하게 되죠."

호의를 표현하는 법

❶ 언어적 표현
· 관심어린 질문을 한다.
· 칭찬한다.
· 감사를 표시한다.

· 격려나 위로해 준다.

· 지지나 인정을 나타낸다.

· 축하나 축복을 전달한다.

· 호의적인 감정(사랑, 애정, 친근감)을 표현한다.

❷ 신체적 표현

· 눈빛으로 호감을 전달한다.

· 손을 잡는다. 또는 어루만진다.

· 어깨나 등을 두드려 준다.

· 팔짱이나 어깨동무를 한다.

· 포옹이나 키스를 한다.

❸ 물질적 표현

· 식사나 술을 대접한다.

· 선물을 한다.

· 생일이나 애경사를 챙겨준다.

· 일을 도와준다.

· 물질을 제공하거나 빌려준다.

"이외에도 여러 가지 방법으로 호의를 전달할 수 있습니다. 따뜻한 커피나 시원한 물 한 잔도 호의를 전달하기에 충분합니다.

이성에게 건네는 꽃다발은 적극적으로 호의를 표현하는 방법이죠. 상대방과 상황에 따라 적절한 방법으로 호의를 표현하면 됩니다. 마지막으로 세 번째 주문을 다시 한 번 정리해 보겠습니다. 첫째, 악의를 가지고 있는 사람에게는 마음의 문이 열리지 않는다. 둘째, 악의가 없고 나쁜 사람이 아니라는 알리바이를 증명하라. 셋째, 적극적으로 호의를 표현하라. 오늘은 이만 돌아가고 내일 다시 찾아오겠습니다! 내일 알려줄 네 번째 주문은 바로 '나는 당신을 이해할 수 있습니다'입니다."

알리바바가 떠난 뒤 문득, 오늘 낮에 함께 등산했던 호성이, 선호가 떠올랐다. 모두 내가 좋아하는 동생들이고 또 나를 친형처럼 좋아한다. 그 동생들에게 내 마음을 솔직하게 털어놓을 수 있었던 것은 서로에 대해 강한 호의를 느끼고 있었기 때문이리라. 머리를 끄덕이며 나는 세 번째 주문을 외워보았다.

"나는 나쁜 경찰이 아닙니다."

"

**마음은 극히 주관적인 장소이므로,
그 안에서는 지옥도 천국이 될 수 있고
천국이 지옥으로 될 수도 있다.**

"

존 밀턴

제4장

네 번째 주문

공감

∘ 나는 당신을 이해할 수 있습니다. ∘

그래서 나는, 6년 전 사하라 사막에서 비행기가 고장을 일으킬 때까지 마음을 터놓고 이야기를 나눌 사람 하나 없이 혼자 살았죠.

—어린 왕자 중에서

이튿날 나는 갑작스레 출장을 떠나게 되었다. 얼마 전부터 경기도 양평에 있는 공장에서 노사분규가 발생했다. 어제 노동조합 대의원대회에서 전면파업을 위한 조합원 찬반투표를 실시하기로 결정했다. 긴급대책회의를 연 결과 본사에서 직접 노사교섭에 나서기로 결정되었고, 회사 측 교섭위원 중 한명으로 내가 선발된 것이다. 왜 하필 나를 교섭위원에 참여시킨 것일까? 아마도 신입사원 시절 노동조합 간부로 활동했던 경력이 아직까지도 꼬리표로 따라다니기 때문이라고 판단됐다. 세상일이란 때로는 참으로 신기하고 오묘하다. 노동조합이라는 것이 있는지도 모르고 입사했는데, 어찌어찌 하다가 사람들 앞에서 적극적으로

의견을 주장하고 행동에 앞장서게 된 것이다. 그러다보니 6개월 만에 대의원을, 1년 만에 정책국장으로 일하게 되었다. 다시 3개월 후, 노동조합 위원장 선거에 출마하여 결선투표 끝에 당선되었다. 그 때 내 나이가 불과 30세였다. 돌이켜보니 그때가 내 인생에서 일하는 보람과 즐거움을 가장 많이 느꼈던 시기였다. 매일 퇴근할 때마다 휘파람을 불며 자신감과 열정으로 삶의 충만감에 사로잡히곤 했다. 모든 일을 이룰 수 있을 것 같았고, 또 크고 많은 목표를 성취하겠다는 결의가 항상 가슴에 가득 차 있었다. 그러나 안타깝게도 사람, 관계, 조직과 권력에 대한 피상적인 지식으로 인해 더 많은 것을 이루지 못해 아쉬운 시절이기도 하다. 어찌 되었든 노동조합위원장 시절은 내 인생에서 가장 뜨겁게 빛나던 최고의 순간이었다.

부랴부랴 양평으로 내려간 월요일 오후부터 토요일까지 모두 13차에 걸쳐 노사교섭이 진행되었다. 그 와중에 노사 간의 대립과 갈등은 말로 표현할 수 없을 정도로 심각하고 복잡했다. 노사 간에 서로에 대한 오해와 적대적인 감정이 쌓여 격렬한 언쟁과 과격한 단체행동이 벌어졌다. 한 치 앞을 내다볼 수 없는 일촉즉발의 상황이 전개되었다. 노사교섭 내내 나는 마음의 문을 여는 주문을 모두 배우지 못한 사실이 너무도 유감스러웠다. 일곱 가지 주문을 모두 알고 있다면 노사협상을 순조롭게 끝낼 수 있을 것만 같았다. 마음이 닫혀있는 상황에서의 교섭은 다람쥐 쳇바퀴 굴리듯 매번 똑같은 모습으로 반복되었다. 노동조합과 회사는 서로의 입장만 주장하고 상대방을 설득하기 위해 각종 자료와 데이터를 제시하며 설전을 펼쳤다. 그것은 표현 그대로 말싸움이요, 입씨름에 지나지 않았다. 마지막 교섭에 이르러서도 노사의 의견은 팽팽하게 맞섰고 결국 합의점을 찾지 못했다. 노동조합은 즉각 조합원 투표를 실시하겠다고 선언했고, 회사는 노동조합이 파업에 들어가는 즉시 직장폐쇄를 단행할 수 있다는 뜻을 밝히며 협상은 종지부를 찍었다. 나는 착잡한 심정으로 짐을 챙겨 서울로 향했다.

양평을 출발한 지 5분 정도 지났을 무렵, 무심코 바라본 도로 이정표에 '용문사'라는 세 글자가 눈에 들어왔다. 나는 일초의 망설임도 없이, 마치 지금 이 순간을 기다려 왔던 사람처럼 용문사로 차를 몰았다. 20여 분을 채 못 가니 절 입구에 주차장이 나타났다. 차를 세워놓고 다시 20여 분 정도 산길을 걸으니 용문사가 있었다. 딸이 5살 때 이곳에 왔으니 벌써 12년이 지났다. 1996년 늦가을 무렵, 아내와 함께 부모님을 모시고 은행나무를 구경하러 왔었다. 주위를 둘러보니 낯선 풍경도 있고 낯익은 풍경도 있다. 은행나무도 여전했다. 1,100년의 수령과 41m의 높이를 자랑하는, 당당하고 엄정한 모습이 새삼 반가웠다.

은행나무를 지나 계단을 올라가니 작은 사무실에서 보살님 한 분이 노트북 앞에 앉아 계셨다. 무언가 열심히 입력하고 계신 모습이 진지하기도 하고 평온해 보였다.

"안녕하세요. 혹시 템플 스테이 가능할까요? 오늘부터 내일까지 머물고 싶습니다만..."

"네, 가능합니다. 이쪽으로 올라오세요." 부처님 같은 미소를 지으며 보살님이 밝은 목소리로 대답한다. 이름과 인적사항을 적고, 이것저것 주의사항을 듣고, 건네주는 옷을 받아들고 지정해 준 방으로 들어가 갈아입었다. 뱀허물처럼 벗어 놓은 옷 무더기를 바라보았다. 일주일 동안 때에 찌든 영혼을 갈아입은 양 마음이 평온해지기 시작했다. 닫혀있던 창을 활짝 열어젖히니 산새 소리가 경쾌하게 들려왔다.

꿈에도 생각하지 못했던 템플스테이는 그렇게 시작되었다. 정해진 프로그램에 따라 공양, 범종타종, 저녁예불, 참선, 다담(茶談), 아침예불, 108배, 울력, 산행이 순서대로 이어졌다. 무엇보다도 다담(茶談)을 통해 배움을 얻을 수 있으리란 기대감이 컸으나, 막상 스님과의 대화시간이 부족하여 못내 아쉬움이 많았다. 송광사에서 출가하셨다는 대전스님은 자신의 법명이 충청도 대전과 똑같다는 말씀으로 분위기를 편안하게 이끄시더니, 여러 가지 지혜의 말씀을 들려주셨다. 특히 인연과 관계에 대해서 많은 깨우침을 주셨다. 이튿날에는 원래 산행이 예정되어 있었다. 나는 산행보다 비움의 시간이 더 갖고 싶었다. 그래서 절에 홀로 남아 참선을 하며 보냈다.

인생이란 무엇인가? 인연이란 또 무엇인가? 내가 알리바바에게 배우고자 하는 마음이란 무엇인가? 열려 있다는 것은 무엇이고 닫혀 있다는 것은 무엇인가? 지금 나는 왜 이곳에 앉아 있는가? 수많은 질문과 의문이 머릿속을 스쳐 지나갔다. 절을 하고 참선을 하고, 다시 절을 하고 참선을 했다. 그렇게 2시간이 지나니 온몸이 땀에 흠뻑 젖었다. 창문을 열어 밖을 보니 은행나무 꼭대기에 자리 잡은 새둥지가 눈에 들어왔다. 마음이란 어쩌면 저 둥지속의 새와 같지 않을까? 품고 있으면서도 놓아져 있고, 머물고 있으면서도 자유롭게 떠나고, 내 것인 것 같지만 내 것이 아닌 것. 그게 바로 마음이 아닐까 생각해 보았다. 어쩌면 마음은 몸 안에 있는 것이 아니라는 도연스님의 말도 그런 의미인지 모르겠다. 다른 사람의 마음의 문을 여는 것보다 더 중요하고 어려운 것은 내 마음의 문을 먼저 여는 일이다. 나는 나무요, 내 마음은 새가 되어야 한다. 내가 마음의 문을 걸어 잠그고 있으면 내 마음은 새장 속에 갇힌 새가 된다. 내가 마음의 문을 활짝 열어야 내 마음은 둥지 속의 새처럼 자유롭게 비상할 수 있다. 지금 나는 사람들에게 마음의 문을 활짝 열어 두었는가? 아니면 세상을 향해 마음의 문을 꽁꽁 닫은 채 살아가고 있는 것은 아닌가?

1박 2일의 짧은 산사체험이 그렇게 지나갔고 나는 집으로 올라왔다. 돌아오는 차 속에서 나는 새로운 결심을 했다. 빠른 시일 내에 기회를 만들어 1개월 정도 산사에서 머물리라. 세상의 모든 인연과 일을 떠나서 나 자신 속으로 침잠하리라. 모든 것을 비우고 새롭게 태어날 수 있도록, 내 마음의 문을 활짝 열 수 있도록 다시 이곳으로 돌아오리라 마음먹었다.

그날 밤, 여느 때와 다름없이 나는 알리바바를 불렀다.

"알리바바님, 며칠 동안 만나지 못했네요. 잘 지내셨지요?"내가 말했다.

"네. 그동안 궁금했었는데 얼굴이 무척 밝아 보이는군요. 좋은 일이 있었던 모양입니다. 나중에 얘기하기로 하고, 오늘은 네 번째 주문에 대해 말하겠습니다. 지난 번 헤어지기 전에 네 번째 주문이 뭐라고 말했었죠?"

"네 번째 주문은 '나는 당신을 이해할 수 있습니다'라고 말했습니다." 내가 대답했다.

"그렇습니다. 네 번째 주문은 '나는 당신을 이해할 수 있습니다.'입니다. 우선 잘 알고 있는 이야기 한 편을 읽어보죠."

"내가 여섯 살이었을 때 원시림에 관한 책에서 멋진 그림을 본 적이 있었습니다. 그 그림은 보아뱀이 동물을 친친 감아 먹고 삼키고 있는 그림이었죠. 그 그림 밑에는 이런 글이 써있었어요. '보아뱀은 먹잇감을 씹지 않고 통째로 삼킨 뒤 소화를 시키기 위해 6개월 동안 잠을 잔다'"

그때 나는 밀림 속의 모험에 대해 한참을 생각해 보았죠. 그리고 색연필로 내 첫 번째 그림을 완성했어요. 제 그림 1호는 이런 모습이었답니다.

나는 내 작품을 어른들에게 보여주고 제 그림이 무섭지 않냐고 물어보았습니다. 하지만 어른들은 "무섭다고? 모자가 뭐가 무서워?"라고 대답하더군요. 내 그림은 모자를 그린 것이 아니었어요. 코끼리를 삼킨 보아뱀의 그림이었죠.

나는 조금이라도 똑똑해 보이는 어른을 만날 때마다 늘 지니고 다니던 그림 제1호를 보여주며 시험을 해 보았죠. 이 사람이 정말로 이해력이 있는 사람인지 알고 싶었던 거죠. 하지만 모두가 어김없이 이렇게 말하더군요. "그거 모자잖아."

그러면 나는 그 사람에게 다시는 보아뱀이나 원시림, 별에 대해 말하지 않았죠. 대신에 나 자신이 그 사람의 수준에 맞추려고 노력했어요. 저는 그 사람에게 브릿지와 골프, 정치와 넥타이를 화제로 이야기했죠. 그러면 그 사람은 나같이 대화가 통하는 사람을 만난 것에 대해 매우 기뻐했어요.

그래서 나는, 6년 전 사하라 사막에서 비행기가 고장을 일으킬 때까지 마음을 터놓고 이야기를 나눌 사람 하나 없이 혼자 살았죠.

— 생텍쥐페리의 '어린왕자' 중에서

"이해가 되나요? 비행사가 된 주인공은 어린 시절 코끼리를 삼킨 보아뱀의 그림을 그렸습니다. 그러나 사람들은 그 그림을 이해하지 못했어요. 모자를 그린 것이라고 생각했죠. 주인공이 나이가 들어서 그림을 보여준 다른 어른들도 모두 마찬가지였습니다. 결국 주인공은 마음의 문을 열지 않았고, 오래도록 마음을 터놓고 이야기를 나눌 사람 없이 혼자 지냈습니다. 오늘 이야기하려는 네 번째 마법의 주문은 '공감'입니다."

"네 번째 주문은 공감이라…"나는 알리바바가 했던 말을 중얼 중얼 따라했다.

"그렇습니다. 사람들이 마음의 문을 열지 못하는 것은 이해받지 못할 것을 두려워하기 때문입니다. 마음의 문을 열었을 때 다른 사람들이 자신을 이상하게, 우습게, 나쁘게 보지는 않을까 두려워합니다. 또한 상대방은 나와 다르기 때문에 나를 이해할 수 없을 것이라고 판단하지요. 마음의 문이 열리려면 상대방이 나의 생각을 공감해 줄 것이라는 믿음을 가져야 합니다. 공감은 마치 비밀번호와 같습니다. 현실에서 암호를 누르면 문이 열리듯, 내 이야기에 공감해 줄 수 있는 사람에게는 마음의 문이 열리게 되죠."

"쉬운 듯하지만 참 어렵군요. 구체적으로 어떻게 해야 한다는 말씀인가요?"
내가 질문했다.

"간단한 논리입니다. 제가 몇 가지 보기를 드릴 테니 잘 생각해 보십시오."

❶ 아이들은 어떤 부모에게 마음을 털어놓고 이야기할까요?

　가. 아이들 마음을 잘 이해해 주는 부모님

　나. 아이들 마음을 잘 이해하지 못하고 어른의 입장에서만 이야기하는 부
　　모님

❷ 부하직원들은 어떤 상사에게 마음을 털어놓고 이야기할까요?

　가. 부하직원의 생각과 의견을 잘 이해하고 받아들이는 상사

　나. 부하직원의 생각과 의견을 받아들이지 않고 권위와 지시만 앞세우는
　　상사

❸ 고객은 어떤 영업사원에게 마음의 문을 열까요?

　가. 고객의 입장과 상황을 이해하고 고객의 편에서 생각하는 영업사원

　나. 고객의 입장과 상황을 이해하지 못하고 회사와 자신의 편에서만 생각
　　하는 영업사원

❹ 아내는 어떤 남편에게 마음을 털어놓고 이야기할까요?

　가. 아내의 이야기에 관심을 갖고 경청하며 마음을 헤아려 주는 남편

　나. 아내의 이야기에 관심이 없고 경청하지 않으며 마음을 몰라주는 남편

❺ 친구는 어떤 친구에게 마음을 털어놓고 이야기할까요?

　가. 눈빛만 봐도 내 마음을 알아차리는 친구

　나. 오랜 시간을 이야기해도 내 마음을 알아차리지 못하는 친구

"과연 어떤 사람에게 마음속 이야기를 털어놓을 수 있을까요? 당연히 내 마음을 잘 이해해 주는 사람입니다. 사람은 마음의 문을 열기 전에 문밖에 있는 사람에 대해 판단합니다. 그리고 마음속에 있는 이야기를 잘 이해해 줄 수 있는 사람인지 알고 싶어 합니다. '누구세요?'라는 질문에는 '당신은 나를 잘 이해해 줄 수 있는 사람인가요?'라는 뜻이 포함되어 있습니다. 그렇기 때문에 '나는 당신을 잘 이해할 수 있습니다'라는 메시지가 전달되어야 합니다." 알리바바는 잠시 이야기를 멈추더니 따뜻한 차를 한 잔 가져다 달라고 했다. 나는 뜨거운 녹차 한 잔을 알리바바에게 건넸다.

"고맙습니다. 목이 조금 잠기는군요. 이틀 동안 산사에서 머물다 돌아온 것으로 알고 있습니다. 그곳에서 차를 마시며 스님과 대화를 나누었나요?" 알리바바가 내게 물었다.

"네. 다담시간이라고 하더군요. 스님과 차를 마시면서 문답을 주고받았습니다."

"무슨 질문했나요?"

"저는 '화(火)'에 대해서 질문을 던졌습니다. 불교에서는 화를 어떻게 정의하는지, 그리고 화를 다스리는 마음가짐이나 실제적인 감정조절훈련법이 있는지 여쭤보았습니다."

"혹시 기억하고 있나요? 그 질문을 할까 말까 망설이면서 마음속에 어떤 생각이 들었을 텐데…"

"아! 맞아요. 그 질문을 할 때 은근히 걱정이 되더군요. 대전 스님은 출가한지 19년이 지났다고 자신을 소개했습니다. 그분은 세속에서 벗어나 산속에만 있는 분이라 화를 낼 일이 없을 것이고, 일반인들이 겪는 갈등이나 분노를 스님이 이해할 수 있을까 걱정이 되었습니다. 그래서 질문을 할까 말까 망설였던 거죠"

"그리고 또 어떤 마음이 있었죠? 질문을 하려다가 포기한 건 없나요?" 알리바바가 빙긋 웃으며 말했다.

나는 멋쩍은 웃음을 지으며 대답했다.

"알리바바님은 모든 걸 다 알고 계시면서 제게 질문을 하시는 군요. 그렇습니다. 저는 부부간의 갈등에 대해 질문하고 싶었습니다. 어떻게 하면 부부관계가 좋아지는지, 어떻게 갈등을 해결할 수 있는지, 갈등이 해결되지 않으면 이혼을 해도 되는 것인지,

불교에서는 이혼에 대해 어떻게 생각하는지 궁금했습니다. 막상 질문을 하려다 보니 대전스님은 결혼생활의 경험이 없는 분이라 부부관계나 부부갈등을 이해할 수 없을 것이라는 생각이 들었지요. 결국 질문을 포기하고 말았습니다. 그러고 보니 조금 전에 말한 네 번째 주문과 같은 맥락이군요. 내 마음을 이해할 수 없을 것 같으면 마음의 문이 열리지 않는다는…." 나는 네 번째 주문의 의미가 무엇인지 어렴풋이 알 수 있었다.

알리바바는 오른쪽 약지손가락을 동그랗게 말아 오케이 사인을 보여줬다.

"하하! 정확하게 이해했군요. 마음의 문은 나를 이해해 줄 수 있는 사람에게만 열립니다. 이해하지 못하는 사람에게는 마음의 문이 열리지 않습니다. 며칠 전 일을 생각해 보세요. 노동조합과 회사가 13차에 이르는 노사교섭을 벌였는데, 결국 결렬되고 말았습니다. 결렬된 가장 큰 이유가 뭐라고 생각하나요?"

"글쎄요? 제 생각에는 우선 '세 번째 주문, 나는 나쁜 경찰이 아닙니다.'가 해당되는 것 같습니다. 최근 회사의 경영진들은 3년째 계속되는 극심한 불황을 극복하기 위해, 강력한 구조조정을 수립했습니다. 그리고 노동조합에게 명예퇴직 및 인력감축 방안에 대해 설명하였습니다. 회사의 생존을 위해 정리해고가 불가피한 조치라는 점을 설득하려고 했죠. 그러나 노동조합은 생각이 달랐습니다. 노동조합의 입장에서는 회사가 조합원에 대한 호의가 없다고 판단할 수 있었겠죠. 평상시에는 직원을 가족처럼 아끼는 것처럼 말하다가, 경영난에 처하자 직원들을 소모품처럼 내팽개치려는 것을 느꼈겠지요. 만약 회사가 자신들의 편을 들어주는 착한 경찰이라고 생각한다면, 노동조합도 마음의 문을 열고 교섭에 임했을지도 모르겠습니다."

"그렇습니다. 노동조합에서는 회사의 행동이 나쁜 경찰처럼 보였습니다. 직원들에게 주인의식과 애사심을 가지라고 강조해 오던 임원들이, 회사가 어려움에 처하자 자신들을 헌신짝처럼 버린다는 배신감과 분노를 느꼈을 것입니다. 당연히 자신들을 해치려는 나쁜 경찰에게는 마음의 문을 열 필요성이 없었겠죠. 그러면 네 번째 주문과는 어떤 관련이 있을까요?" 알리바바가 다시 물었다.

"네 번째 주문은 '나는 당신을 이해할 수 있습니다' 즉, 공감이라고 들었습니다. 그렇다면 노동조합에서는 회사 측이 자신들의 입장을 이해할 수 없을 것으로 판단했다는 얘기가 되나요?"
"네, 맞습니다. 노동조합에서 볼 때 회사의 임원들은 자신들과 다른 상황에 있는 사람들이지요. 노동조합의 입장을 이해하지 못할 거라고 생각할 수 있습니다. 따라서 회사에서는 그런 우려를 일부라도 불식시키기 위해 사측 교섭위원을 구성합니다. 이때 교섭위원은 노동조합 활동 경력이 있는 사람을 포함시키게 된 겁니다."

"아, 그러면 제가 회사 측 교섭위원이 된 것도 그런 차원에서 결정이 이뤄진 거로군요. 몰랐습니다."

"아시는 것처럼 현재의 회사 경영진은 지난 번 인수합병과정을 통해 외부에서 새로 들어 온 임원들이 대부분입니다. 당연히 노동조합과 공감할 수 있는 이해의 폭이 좁을 수밖에요. 노동조합의 교섭위원들은 오랜 세월 동안 한 회사에 몸담았던 사람들 사이에 형성되는 정서적 공감대를 새로운 경영진에게는 느끼지 못했을 겁니다. 자신들이 무슨 이야기를 해도 잘 이해하지 못할 것이라는 생각이 밑바탕에 깔려 있었고, 그러다 보니 마음의 문을 열지 못했죠. 그 결과 파업이라는 극단적인 수단을 택하게 된 겁니다." 알리바바는 안타깝다는 듯이 머리를 좌우로 흔들었다.

"잘 알았습니다. 노동조합의 사례에서 볼 수 있듯이 마음의 문을 열기 위해서는 상대방이 나를 이해해 줄 수 있다는 믿음이 필요하다는 말이군요. '나는 당신을 이해할 수 있습니다'는 메시지를 전달하라는 것은 어떤 의미인가요? 그 말을 직접 표현하라는 뜻만은 아닌 것 같습니다만."나는 궁금한 마음이 들었다.

"좋은 질문입니다. '나는 당신을 이해할 수 있습니다'는 몇 가지 의미로 생각해 볼 수 있습니다. 함께 내용을 정리해 보죠."

나는 당신을 이해할 수 있습니다

❶ 유사성

유사성은 내가 상대방의 생각, 감정을 이해할 만한 경력이 있거나 상대방과 유사한 입장, 상황에 처한 적이 있다는 것을 알게 해주는 것이다. 예를 들면 다음과 같다.

· 얼마나 힘드십니까? 저도 예전에 노동조합 간부로 활동했던 적이 있습니다. 회사도 생각해야 되고 조합원도 생각해야 되는 입장이 참 어렵더군요. 어떤 마음일지 잘 알 것 같습니다.

· 화가 많이 나셨을 거라 생각합니다. 저도 비슷한 경험이 있습니다. 예전에 다니던 직장이 부도가 났습니다. 회사가 문을 닫는다고 말하니까 가족들 걱정이 이만저만이 아니었죠. 지금도 많이 힘드실 것 같습니다.

· 많이 억울하지? 나도 대리시절 입사동기들보다 과장 승진이 늦어서 핑

장히 고민이었네. 누구 못지않게 열심히 일했는데 승진에서 누락되니까, 회사의 인사제도에 불만이 많았지. 그렇지만 결국 부장승진은 가장 빨랐다네. 지금의 자네 마음은 충분히 이해하네. 조금만 참고 분발하게. 곧 정식으로 인정받을 날이 올 거야.

❷ 수용성

수용성은 내가 상대방의 생각, 감정을 이해할 수 있을 만큼 그릇의 크기가 충분하다는 믿음을 갖게 하는 것이다. 예를 들면 다음과 같다.

- 입장을 바꿔 생각해 보면 여러분의 심정도 충분히 이해됩니다. 제가 만약 노동조합 간부였다면 저 역시 여러분들과 똑같이 행동했을 겁니다. 어쩌면 더 적극적인 행동을 보였을 지도 모릅니다.

- 제가 비록 회사의 경영진으로 있지만 제게도 여러분과 똑같이 사랑하는 가족이 있습니다. 만약 제가 회사의 경영난으로 인해 갑작스럽게 퇴직을 해야 한다면, 저의 가족 또한 얼마나 걱정이 많을지 짐작이 갑니다. 그리고 저 또한 여러분처럼 가족들 걱정으로 밤잠을 이루지 못할 것입니다.

- 내가 똑같은 상황에 처했더라도 무척 화가 났을 거야. 다른 입사동기들보다 열심히 일했는데 나만 승진에서 누락됐다면, 세상 누구라도 기분이 좋지 않을 거야.

❸ 적극적 경청

적절한 신체언어와 대화법으로 상대방의 생각과 감정을 이해할 수 있을 거라는 믿음을 갖게 하는 것, 이것이 바로 적극적인 경청이다. 다음과 같은 항목들에 주의를 기울이면 대화 중에 공감대가 형성될 수 있다.

· **눈맞춤** : 커뮤니케이션에서 가장 중요한 것이 눈맞춤이다. 공감형성은 기본적으로 눈맞춤을 통해 이루어진다. 친한 사이에서는 눈빛만 봐도 상대방의 생각과 감정을 이해할 수 있다. 또 상대방의 눈빛을 잘 보면 내 이야기를 경청하고 있는지, 내용을 잘 이해하고 있는지, 나의 생각과 감정에 공감하고 있는지를 판단할 수 있다. 따라서 대화 중에는 적절한 눈맞춤을 통해 관심과 공감을 전달해야 한다.

· **고갯짓** : 고개를 위아래로 끄덕이는 동작은 상대방에 대한 이해와 수용을 나타내는 가장 대표적인 반응법이다. 적절한 고갯짓은 상대방에게 지지받고 있다는 느낌을 형성하여 더욱 더 적극적으로 말하게 한다.

· **추임새** : 상대방의 이야기에 따라 적절하게 맞장구, 응수를 해 주는 것이다. '맞아, 그렇지, 정말' 등과 같은 표현으로 상대방의 말에 장단을 맞추는 것이다. 자신의 생각이나 감정이 인정받고 있다는 느낌을 강화시켜 준다.

· **반영하기** : 상대방의 감정을 잘 헤아려 적당한 표현으로 반응을 나타내 주는 것이다. "정말 기쁘시죠?", "참, 힘든 시간이었죠?", "다시는 생각하기 싫겠어요"처럼 상대방의 감정에 반응을 보이는 것이다. 반영하기와 수용력은 약간의 차이가 있다. 반영하기는 상대방의 감정을 헤아려 직접적으로 감정이입의 표현을 나타내 주는 것이고, 수용성은 내가 상대방의 생각, 감정, 입장을 충분히 이해할 수 있다는 믿음을 갖게 하는 것이다.

"단순한 듯하면서도 복잡하군요. 유사성, 수용성, 적극적 경청법이라…" 머릿속에 확실하게 각인시키기 위하여 나는 세 가지 키워드를 소리 내어 읽어보았다.

"복잡하게 생각할 것 없습니다. 그냥 쉽게 생각하세요. 중요한 것은 나를 이해할 수 없는 사람에게는 마음의 문을 열지 않는다는 것만 명심하면 됩니다. 혹시 딸이 어렸을 때 직장에서 생겨나는 사람들 사이의 갈등에 대해 들려 준 적이 있습니까?"

"천만에요. 가당치도 않은 일이죠." 나는 말도 안 된다며 단호하게 대답했다.

"그렇죠. 대부분 있을 수 없는 일입니다. 그런데 왜 어린아이에게는 이야기하지 못하는 걸까요? 그건 이해할 수 없기 때문입니다. 내가 직장에서 겪는 갈등을 아무리 세세하게 들려줘도 어린 아이는 이해할 수가 없죠. 그렇게 이해할 수 없는 사람에게는 마음의 문이 열리지 않습니다. 그런데 반대로 생각해 볼까요? 딸은 왜 아빠에게 마음의 문을 열고 이야기를 하지 않을까요?"

"아빠가 자신을 이해할 수 없을 것 같아서?" 나는 머리를 긁적이며 머뭇거렸다.

"정답입니다. 딸이 마음의 문을 열지 못하는 이유는, 아빠가 이해할 수 없을 거라고 느끼기 때문입니다. 아이들 표현으로 얘기하자면 "아빠는 내 마음을 절대로 이해 못 해"라고 생각하는 거죠. 부부관계도 마찬가지입니다. 많은 아내들이 "왜 이렇게 내 마음을 몰라줘요"라는 표현을 많이 합니다. 그런 일이 계속 반복되면 마음의 문이 닫히고 마음속에 있는 이야기를 꺼내지 않습니다. 마치 어린왕자에 나오는 비행사가 다시는 보아뱀을 그린 그림이야기를 꺼내지 않았던 것처럼 말입니다."

"그렇군요. 딸의 마음 문을 열려면, 그리고 아내의 마음 문을 열려면 내가 이해해 줄 수 있다는 판단이 들어야 합니다. 그러기 위해서는 유사성, 수용성, 적극적 경청 등을 통해 그러한 믿음을 줘야 합니다. 이렇게 정리하면 맞는 거죠?"

알리바바는 아무런 대답도 하지 않고 가만히 고개를 끄덕였다. 그리고 아무 말 없이 잠시 나를 바라보더니 이야기를 다시 시작했다.

"지금까지 네 개의 주문을 알려드렸습니다. 첫 번째, 두 번째 주문은 문 뒤에 무엇이 있는지 관심을 가지고 문을 열어달라는 신호를 보내라는 내용이었습니다. 세 번째 주문과 네 번째 주문은 호의성과 공감성에 관한 내용이었습니다. 내가 나쁜 경찰이 아니라 호의를 지닌 착한 경찰이라는 것, 그리고 내가 상대방을 이해할 수 있다는 믿음을 가져야 마음의 문을 연다는 것입니다. 이제 다른 사람들의 마음 문을 열 수 있을 것 같습니까?"

"글쎄요. 아직 분명하지 않지만 어렴풋하게 방법이 보이는 것 같습니다."

"한 가지 부탁이 있습니다. 내가 들려주는 일곱 가지 주문을 모두 알게 될 때까지는 절대로 다른 사람의 마음 문을 열려고 시도하지 마세요. 약속해 줄 수 있겠습니까? 그 이유에 대해서는 묻지 않았으면 합니다. 마지막 날이 되면 저절로 알게 될 테니까요."

"네, 약속하겠습니다. 마지막 주문을 알기 전까지는 다른 사람의 마음 문을 열려고 노력하지 않겠습니다. 그리고 사실은 아직 확실한 자신도 없습니다. 과연 언제든지 내가 원하기만 하면 다른 사람의 마음 문을 열 수 있을지 의문입니다."

"하하하! 나는 '열려라 참깨!'라는 주문을 알게 돼 진귀한 보물을 얻은 알리바바입니다. 마찬가지로 마음의 문을 여는 주문을 아는 사람은 가장 값진 보물을 얻게 될 것입니다."

"네? 값진 보물을 얻게 된다고요?" 나는 알리바바의 말이 무엇을 의미하는지 몰랐다. 깜짝 놀라며 다시 물어보았다.

"마음의 문을 여는 주문을 알게 되면, 내가 동굴 속에서 발견한 보물보다도 몇 배나 더 귀한 보물들을 얻게 될 것입니다. 궁금하겠지만 조금만 참고 기다리기 바랍니다. 오늘은 여기서 이야기를 마치도록 하죠. 네 번째 주문을 다시 외워보기 바랍니다. 나는 돌아갑니다." 마지막 말을 마치자 인사도 없이 알리바바는 사라졌다.

"네 번째 주문이라…나는 천천히 소리 내어 네 번째 주문을 말해보았다.

"나 는 당 신 을 이 해 할 수 있 습 니 다."

강 과장이 속마음을 털어놓지 못하는 이유도, 내가 자신을 이해해 줄 것이라는 확신이 없기 때문인지도 모른다. 회사 일을 생각하니 갑자기 피곤이 몰려왔다. 지난 일주일이 마치 긴 꿈처럼 느껴졌다. 하루라도 빨리 산사체험을 떠나고 싶어 나는 침실로 들어가 잠을 청했다.

도와달라는 말을 듣고 도와주는 것도
좋은 일이지만 도움을 청하기 전에 미리 알아서
도와주는 것은 더욱 좋은 일이다.

칼릴 지브란

제5장

다섯 번째 주문

유용

◦ 나는 당신을 도울 수 있습니다. ◦

월요일, 다시 일주일이 시작되었다. 오전 업무를 마치고 점심시간이 되어 약속장소로 향했다. 얼마 전 어떤 모임에서 만난 H가 함께 점심식사를 하자며 연락이 왔다. 명함을 받아 보니 H는 보험회사에서 FC로 일하고 있었다. 부담스러운 마음도 없지 않았지만 선한 인상이 보험계약 같은 불편한 이야기는 꺼내지 않을 것 같아 약속에 응하기로 했다. 강남역 인근에 있는 한정식 뷔페식당에서 만나 식사를 했다. 이런저런 이야기를 나누다가 내가 질문을 건넸다.

"보험영업을 하다 보면 사람들을 많이 만나겠어요?"

"아무래도 그런 편입니다. 저희들은 항상 신규고객 창출이 핵심과제죠. 신규고객을 만들려면 가망고객을 많이 만나야 되기 때문에 어떻게 하면 새로운 사람들을 많이 만날 수 있는지 고민하게 됩니다. 그리고 실제로도 많은 사람들을 만나기 위해 바쁘게 활동해야 합니다."

"보험영업을 한다고 하면 사람들이 잘 만나주나요? 이런저런 핑계로 약속을 피하려고 하지 않나요?"

"그런 사람들도 없지는 않습니다. 선입관 없이 똑같은 보통사람으로 생각하고 성의 있게 대해 주는 분들도 있고, 지금 말씀하신 것처럼 보험영업사원으로만 생각하고 경계심을 풀지 않는 분들도 많습니다. 아무래도 여러 종류의 사람이 있기 마련이죠."

나는 갑자기 마음의 문을 여는 마법의 주문이 떠올랐다. 알리바바가 알려 준 마법의 주문이 과연 실제 현실에서는 어떻게 사용되고 있을까 궁금해졌다.

"그렇게 경계심을 늦추지 않는 사람에게는 어떻게 다가가나요? 그런 사람들의 마음 문을 여는 특별한 노하우가 있나요?" 나는 강한 호기심에 사로잡혔다.

"글쎄요. 아무래도 시간이 조금 걸리는 문제입니다. 하루아침에 마음의 문을 열기를 기대하기는 어렵겠죠. 다만 처음 만난 사람들이 경계하는 것은 제가 영업적으로 접근하는 것이 아닐까 걱정하는 것이기 때문에, 그런 부분을 해소시켜 주기 위해 노력하는 편입니다."

"구체적으로 어떻게 하는 건가요?"

"하하, 이야기가 이상한 방향으로 흐르는군요. 오늘은 제가 이사님께 더 많이 배우려고 찾아 온건데 말입니다. 지난 번 모임에서 뵀을 때 그런 느낌이 강하게 들었습니다. 저분을 꼭 한 번 찾아가서 여러 가지를 배워야겠다고 생각했어요. 그런데 오늘 정반대로 제 이야기를 더 많이 하게 되네요. 마음의 문을 여는 노하우라…뭐라고 말씀을 드려야 좋을까요?"

H는 잠시 생각을 정리하는 듯하더니 이내 말을 이어갔다.

"제가 보험영업을 하며 느낀 경험이니 두서가 없고 논리적이지 않더라도 이해해 주세요. 제 생각으로는 사람들의 마음을 열기 위해서는 그 사람의 마음 문을 먼저 알아야 합니다. 즉, 사람에 따라서 마음의 문을 여는 방법이 모두 다르다는 말이죠. 가장 일반적인 경우는 제가 영업적인 목적으로 상대를 만나지는 않을 거라는 점을 분명하게 밝힙니다. 예를 들면 "저는 추천이나 소개에 의해서만 계약하고 절대 제가 먼저 보험가입을 권유하지 않습니다. 그리고 모임에서 보험이야기를 하는 것은 금기하고 있습니다. 제가 보험영업을 한다고 부담 갖지 마시고 편하게 대해 주세요." 이런 식으로 자기소개를 합니다. 물론 실제로도 저는 모임에서 만난 사람들에게 보험 이야기 자체를 꺼내지 않습니다."

"그렇군요. 영업적으로 만나거나 보험계약을 위해 이용하지 않을 것이니 안심해도 된다는 의미를 전달한 셈이군요. 그런데 그것만으로 마음의 문이 열리던가요?"

"아닙니다. 그것만으로 마음이 열리면 얼마나 좋겠습니까! 그래서 이렇게 자기소개를 하는 경우도 있습니다. '저는 보험회사에 입사한 지 7년이 지났습니다. 정말 열심히 일했고, 그런 노력의 결실로 지금은 수입이 대기업 부장급 연봉의 3배 정도 됩니다. 덕분에 편안한 마음으로 다른 사람들을 대할 수 있게 되었습니다. 오히려 사람들은 저에게 왜 보험이야기를 안 하는지 물어보더군요.' 이런 이야기를 자연스럽게 하면 사람들은 대부분 안도감을 느꼈습니다. 저에게 호감어린 반응을 보이기도 합니다. 보험영업사원으로서 능력 있고 수입도 많은 사람이 자기까지 귀찮게 하지는 않을 거라는 판단과 함께, 유능한 사람과 인간관계를 맺으려는 생각이 함께 어우러진 게 아닐까 생각합니다."

"정말 대단하십니다. 제가 들어도 똑같은 마음이 드네요. 그렇게 능력 있는 사람이면 나에게까지 부담을 주지 않을 거라는 믿음이 저절로 생기겠어요. 혹시 그것 말고도 다른 방법이 있으신가요?"

"어떤 상황에서는 차라리 솔직하게 이야기합니다. '저는 보험회사의 영업사원입니다. 좋은 말로 포장하면 사람이 좋아서 이런 모임에 나왔다고 해야겠지만, 솔직하게 말하겠습니다. 제가 이 모임에 나온 이유는 보험영업에 도움을 받고 싶어서입니다. 좋은 고객을 만나고 계약도 많이 쓰고 싶어서 나왔습니다. 나쁜 거 아니죠? 그렇다고 너무 부담을 갖거나 불안해하지 마세요. 저는 지금까지 성실과 신용으로 살아 온 사람입니다. 절대로 피해를 끼치거나 불편하게 하지 않습니다. 오히려 제가 더 큰 도움을 드릴 겁니다. 시간을 갖고 천천히 잘 살펴보시고 제가 괜찮은 사람인지 아닌지 그때 가서 평가해 주세요.' 이런 표현도 상대방이나 모임의 특성, 분위기에 따라 마음의 문을 여는 데 도움이 되는 것 같습니다."

"마음의 문을 열기 위해 그런 사소한 부분까지도 구체적으로 생각하며 사람들을 만나야 하는군요."

"아까 말씀하신 것처럼 보험영업사원들에게는 마음의 문을 걸어 잠그고, 잘 열어주지 않는 게 보통 사람들의 마음입니다. 그렇게 잠겨있는 마음의 문을 빠른 시간에 열 수 있는 사람만이 가장 먼저 성공할 수 있습니다. 가망고객을 많이 만나는 것도 중요하지만 새롭게 만난 사람의 마음을 열지 못하면 상담이나 계약을 이끌어 내기 어렵죠. 성공하는 영업사원이 되려면 마음의 문을 여는 자신만의 노하우를 만드는 것이 매우 중요합니다."

"고맙습니다. 어렵게 깨달은 노하우를 다른 사람에게 오픈한다는 것이 쉽지 않은 일인데 솔직하게 알려주시네요. 앞으로 기회가 되면 유익한 대화를 많이 나누고 싶네요."

"별 말씀을요. 대단한 이야기도 아닌데 귀담아 들어주셔서 제가 더 즐거웠습니다. 언제라도 시간 되실 때는 불러주십시오. 오늘 귀한 시간 내주셔서 정말 고맙습니다."

H와 헤어진 후 나는 이런저런 생각에 잠겼다. 내가 H의 마음 문을 열려면 어떻게 해야 됐을까? 혹시 H는 내 마음의 문을 열기 위해 나도 모르는 사이에 어떤 노하우를 사용한 건 아닐까? 오늘은 알리바바에게 H를 만난 이야기를 들려주고 싶었다.

오후는 특별한 일정 없이 일상적인 시간을 보냈다. 강 과장을 불러 대화를 나눠보고 싶었지만 문득, 알리바바의 부탁이 떠올랐다. 일곱 가지 주문을 모두 알게 될 때까지 참기로 했다. 퇴근 후에는 딸아이의 생일 선물을 사러 갈 생각이다. 아내에게 전화를 걸어 저녁에 함께 식사를 하자고 이야기해 볼까? 아마 소용없을 것이다. 아내는 오히려 내게 되물을 것이다. 그렇게 하면 뭐가 달라지냐고? 하긴 내가 생각해도 부질없는 짓이다. 아무리 속마음을 털어놓고 진심을 얘기해도 소용없을 것 같았다. 그만큼 아내와 나 사이에는 갈등의 골이 깊다. 나는 책상 위를 말끔하게 정리하고 사무실 밖으로 나왔다.

퇴근하면서 아파트 단지 인근에 있는 백화점에 들렀다. 얼마 전 무슨 선물을 받고 싶은지 딸에게 물어보니, 전자사전이 있으면 좋겠다고 했다. 전자제품 코너에서 최신형 모델로 한 개를 구입하여 포장까지 마쳤다. 패밀리 레스토랑으로 들어가니 이미 딸아이가 도착해 있었다. 함께 저녁을 먹으며 선물을 건네주었다.

"오늘 생일인데 학원 하루 쉬지 그래?"

"안 돼. 학원수업 끝나면 자율학습시간에 숙제랑 공부할 거 많아. 다음 주부터 시험이야."

"그래. 천천히 많이 먹어. 아빠가 차로 데려다 줄게."

아이를 학원 앞에 내려주고 집으로 돌아오니 막 9시가 되었다. 텔레비전을 틀어보니 50만이 넘는 시민이 촛불집회에 참석했다는 뉴스가 흘러나오고 있었다. 미국산 쇠고기 수입과 관련하여 상황이 이렇게까지 확산된 것은 정부가 국민의 마음을 너무나 모르기 때문이다. 아니, 국민의 마음을 모르는 것이 아니라 무시하는 것일까? 잘 모르겠다. 빠른 시일 내에 국민들의 닫힌 마음을 열어줄 수 있는 조치들이 취해지길 바랄 뿐이다. 나는 따뜻한 꿀차를 두 잔 타서 서재로 들어갔다.

"알리바바님, 오셨나요?"

"네. 여기 기다리고 있습니다. 손에 든 건 뭔가요?" 알리바바가 모습을 드러내며 말했다.

"꿀차를 가져왔습니다. 이야기를 많이 하시면 목이 아프실 것 같아서요."

"고맙습니다. 꿀차가 아주 달군요. 피로할 때 단 음식을 먹으면 빨리 회복된다고 들었습니다." 알리바바는 두 손으로 잔을 감싼 채 홀짝홀짝 마셨다.

"오늘은 다섯 번째 주문에 대해 말하기로 하죠. 혹시 그 전에 내게 하고 싶은 얘기는 없나요? 알리바바가 내게 물었다.

"네. 한 가지 하고 싶은 말이 있습니다. 오늘 어떤 사람과 점심약속이 있었습니다. H라는 사람인데 현재 보험회사에서 영업사원으로 일하고 있습니다. 식사를 하며 마음의 문을 여는 방법에 대한 H의 노하우를 몇 가지 듣게 되었습니다. 정말 재미있더군요."

"모든 사람은 사회생활을 하며 다른 사람의 마음을 열기 위해 많은 노력을 기울이게 됩니다. 다만 자신이 그렇게 하고 있다는 사실을 의식적으로 깨닫지 못할 뿐이죠. H라는 사람은 어떻게 하던가요?"

나는 점심식사를 하며 H로부터 들은 이야기를 알리바바에게 모두 들려주었다. 알리바바는 내 곁으로 바짝 다가앉으며 흥미롭다는 듯 경청했다.

"잘 아시겠지만 결국 H가 사용한 방법도 '나는 나쁜 경찰이 아닙니다.'는 마법의 주문을 자신만의 방법으로 전달한 것입니다.

나는 합리적이고 유능한 사람이고, 다른 사람에게 피해를 주지 않는 사람이라는 이미지를 형성하여 마음의 벽을 무너뜨리려 한 거죠." 알리바바가 말했다.

"네, 저도 그렇게 생각했습니다. 그리고 다섯 번째 주문, '나는 당신을 이해할 수 있습니다'도 포함된 것 같습니다. 영업사원을 만났을 때 사람들의 마음속에 자연스럽게 형성되는 경계심, 부담감을 충분히 이해하고 있다는 것을 표현함으로써 마음의 문을 열려고 시도했습니다"

"이제 세 번째, 네 번째 주문에 대해서는 충분히 이해된 것 같군요. 앞으로도 다른 사람들을 만나면 그 사람들이 어떤 방법으로 다른 사람의 마음 문을 열어나가는지 살펴보기 바랍니다. 특히 네트워크사업이나 보험, 자동차영업 하는 사람들 중에서 큰 성공을 거둔 사람들은 마음의 문을 여는 능력이 매우 뛰어난 사람들입니다. 눈여겨보면 배울 점이 많을 겁니다."

"네. 알겠습니다. 재미있을 것 같네요. 기대됩니다."

"지금부터는 다섯 번째 주문, '나는 당신을 도울 수 있습니다'에 대해 이야기하겠습니다. 혹시 이 주문을 듣고 떠오르는 생각이 있나요?" 알리바바가 물었다.

"글쎄요. 아직은 확실하게 모르겠습니다."

"마음의 문을 여는 다섯 번째 마법의 주문은 유용성입니다. 유용성은 내가 마음의 문을 여는 일이 실제적인 도움을 얻을 수 있고, 유의미한가에 대한 문제입니다. 우리는 흔히 '얘기해 봐도 소용없을 텐데.', '말해봤자 아무런 도움도 안 될 텐데.'와 같은 말들을 자주 합니다. 이런 것들이 바로 유용성입니다. 마음속에 있는 생각과 감정, 내가 처해있는 상황을 얘기해도 아무런 도움이나 의미를 가지지 못하면 마음의 문을 열지 않게 됩니다. 혹시 여기 꽂혀있는 이반 데니소비치의 하루라는 소설을 읽은 적이 있나요?" 알리바바가 책 한 권을 가리키며 내게 물었다.

"예, 아주 오래전 대학 다닐 때 읽었던 기억이 납니다."

"그 소설의 일부를 보여드릴 테니 주의를 기울여 읽어보기 바랍니다." 알리바바는 책을 꺼내 펼쳐들고 다음과 같은 내용을 내게 보여주었다.

슈호프는 정말 억울하다고 생각했다. 무슨 다른 일 때문에 영창에 들어가게 되었다면 이렇게까지 분하지는 않으리라. 지금까지 하루도 빼놓지 않고 언제나 제일 먼저 자리에서 일어났기 때문이다. 그렇다고 타타르에게 사정해 봐야 아무 소용도 없다는 것을 그는 잘 알고 있었다. 그래도 예의를 지키는 뜻에서 형식적으로나마 잘못을 빌어야 한다.

슈호프가 당직 간수한테 끌려가는 것을 104작업반원 중 못 본 사람은 없었다. 그러나 누구 한 사람 그를 위해 한마디 하지 못했다. 말해봐야 소용도 없으려니와, 사실 뭐라고 할 말도 없지 않은가! 반장쯤 된다면 한두 마디 할 수 없는 것도 아니다. 그러나 반장은 그곳에 없었다. 슈호프도 동료들에게 아무 말도 하지 않았다. 공연히 타타르의 비위를 건드릴 필요가 없었던 것이다. 그저 얌전히 따라나서는 게 상책이다. 아침식사는 반원들이 남겨두겠지. 눈치가 빠른 친구들이니까.

[이반 데니소비치의 하루 중에서 / 알렉산드르 솔제니친, 소담출판사]

나는 알리바바가 말한 대로 최대한 주의를 기울여 소설의 내용을 읽어보았다. 그리고 알리바바에게 말했다.

"슈호프가 간수에게 사정하지 않은 이유, 그리고 동료죄수들이 아무 말도 하지 않은 이유가 결국 유용성 때문이라는 건가요? 마음의 문을 열고 이야기해 봐야 아무런 도움이 되지 못할 거라는…"

"그렇습니다. 마음의 문이 열리려면 세 번째 주문 호의성, 네 번째 주문 공감성만으로는 부족합니다. 다섯 번째 주문 유용성이 함께 있어야 합니다. 마음의 문을 열었을 때 유용한 결과가 있을 것이라는 믿음이 있어야 마음의 문을 열 수 있습니다."

그때, 나는 갑자기 2~3개월 전의 일이 떠올랐다. 일요일로 기억되는 그날은 아침부터 아내와 심하게 말다툼을 했다. 그리고 답답한 마음에 집을 뛰쳐나와 버렸다. 막상 밖으로 나왔지만 갈 곳이 마땅치 않았다. 어떻게 할까 망설이다 자동차로 30분 거리에 있는 형님을 찾아갔다. 형님과 함께 점심을 먹고 낮술까지 몇 잔 곁들였다.

"뭐 안 좋은 일 있냐? 평소에 안 마시던 술까지 마시는 걸 보니 조금 이상한데?"

"아니에요. 모처럼 형님과 밥을 먹으니 기분이 좋아서 그래요. 이런 날은 술 한 잔 해야죠."

"그래. 하는 일은 잘 되고?"

"네. 직장생활이라는 게 그렇잖아요. 다람쥐 쳇바퀴 돌듯 늘 거기서 거기죠."

"제수씨도 잘 있지?"

아무 말도 안 했는데 형제라는 이유로 무언가 다른 느낌이 드는 모양이다. 남들이 미처 알아채지 못하는 부분까지 형님은 다 알고 있는 것 같았다.

"네. 잘 있어요." 어떻게 말할까 머뭇거리다가 그냥 짧게 대답하고 얼굴을 돌렸다.

다행히 형님은 더 이상 질문을 건네지 않았고 대화는 다른 주제로 자연스럽게 넘어갔다. 지금 생각해 보니 내가 마음속에 있는 이야기를 털어놓지 못했던 것도 결국 마찬가지 이유 때문이었다. 내가 마음속의 이야기를 꺼내지 못한 것은 다섯 번째 주문, '나는 당신을 도울 수 있습니다'에 대한 믿음을 가지지 못했기 때문이다. 세상에서 가장 나를 아끼고 이해해 줄 수 있는 친형제지만, 아내와의 갈등에 대해 말해봤자 도움이 안 될 거라고 생각했다. 내가 마음속의 이야기를 털어놓으면 '지는 게 이기는 것'이라거나 '남자가 참아야 한다.' 또는 '절대로 이혼만은 안 된다.'는 대답을 듣게 될 것이 분명한데, 공연히 걱정만 끼칠 이야기는 하고 싶지 않았다. 그날 오후 집으로 돌아오며 부모님께 안

부전화를 드렸을 때도 마찬가지였다. 평소처럼 평범한 안부인사 몇 마디와 일상적인 대화를 주고받은 뒤 전화를 끊었다. 최근에 내가 아내와 겪고 있는 심각한 갈등을 이야기해 봐야 무슨 소용이 있겠는가? 괜히 걱정만 끼쳐드릴 뿐이다.

여기까지 생각의 흐름을 좇다가 퍼뜩 정신이 돌아온 나는 알리바바를 보며 말했다.

"알 것 같습니다. 아무리 나에게 호의가 있고 이해해 줄 수 있어도, 마음속 이야기를 털어놓는 것이 아무런 도움이 안 되거나 무의미하게 느껴지면, 마음을 열지 않게 됩니다. 그러면 어떻게 하는 것이 마음의 문을 열게 하는 방법일까요? 다섯 번째 주문, '나는 당신을 도울 수 있습니다'에 대해 자세히 알려주세요."

"그전에 먼저 명심해야 할 것은 다섯 번째 주문을 말하기 전에 반드시 세 번째, 네 번째 주문이 이뤄져야 한다는 사실입니다. 즉, 호의성, 공감성이 확인되고 그 다음으로 유용성이 전달되어야 합니다. '다섯 번째 주문, 나는 당신을 도울 수 있습니다'는 여러 가지 상황에서 다양한 표현으로 전달될 수 있습니다. 함께 정리해 보죠."

나는 당신을 도울 수 있습니다

❶ 능력

마음의 문을 열고 이야기를 하게 하려면, 실제로 내가 도움을 줄 수 있는 능력이 있다는 것을 알려줘야 합니다. 다음과 같이 여러 가지 방법으로 말할 수 있습니다.

- 지금 하시는 일이 제가 예전에 담당했던 업무와 비슷하군요. 혹시라도 궁금한 사항이 있으면 알려주세요. 제가 도움을 줄 수 있을 것 같군요.

- 저도 예전에 비슷한 경험을 한 적이 있습니다. 일을 처리하다 문제가 생기면 연락 주십시오. 어떻게 하면 잘 해결할 수 있는지 알려드리겠습니다.

- 보험영업은 참 쉽지 않은 일이죠. 제가 도울 일이 있으면 알려주세요. 인맥관리나 고객관리에 관련된 자료도 많고 제가 참여하는 모임도 여러 개 있습니다. 조금이나마 도움을 드릴 수 있을 겁니다.

- 제가 회사 측 교섭위원으로 뽑혀 이곳으로 올 때, 사장님에게서 모든 교섭권한을 위임받았습니다. 제가 여러분과 결정하는 사항은 사장님이 결정하는 것과 마찬가지라고 생각하면 됩니다.

- 강 과장, 이번 마케팅 기획안에 대하여 하고 싶은 말이 있으면 모두 해 보게. 어느 정도 일리가 있으면 임원회의에서 채택되도록 힘써 보겠네. 사장님과 상무님이 나를 전폭적으로 신뢰하고 있으니 걱정 말게. 소신을 갖고 추진해 보게.

❷ 가능성

마음의 문을 열고 이야기하려면 상대방이 도움이 될 수 있을 것 같다는 판단이 서야 합니다. 따라서 내가 도움을 줄 수 있을지도 모른다는 사실을 알려줘야 합니다.

- 제가 알고 있는 지인 중에 도움을 줄 수 있는 분이 있을 것 같습니다.

- 함께 머리를 맞대고 상의하면 생각지도 못했던 좋은 방법이 나올지도 모릅니다.

- 큰 힘이 안 될지는 모르겠으나 필요한 사항을 알려주면 도움이 되도록 노력하겠습니다.

- 세상일은 언제 어떻게 될지 모르는 것이니 하고 싶은 말이 있으면 모두 알려주십시오.

- 강 과장, 내년도 신규사업계획 수립할 때 도움이 필요하면 얘기하게. 혹시 내가 도움이 될지도 모르잖아.

❸ 의미 부여

실제적인 도움의 가능여부와는 별개로 마음의 문을 열고 이야기를 하는 것이, 얼마나 소중한 의미를 갖는지 알려주는 것입니다.

- 혹시 도움이 안 되더라도 너를 위해 함께 고민해 볼 수 있었다는 사실만으로도 나는 정말 기쁠 거야.

- 저를 믿고 마음속 이야기를 솔직하게 들려주신다면, 정말 영광으로 알겠습니다.

- 기쁠 때나 슬플 때나 마음속 이야기를 모두 털어놓고 이야기할

수 있는 친구가 되고 싶습니다.

– 제가 도움이 될 수 없다고 생각될 때도 숨기지 말고 알려주세요. 그 사실만으로도 저는 더욱 행복할 겁니다.

– 해결방법이 없을지도 모르지. 그렇지만 나는 우리가 함께 대화를 나누는 과정이 더 소중하다고 생각해.

– 강 과장, 내가 자네의 문제에 모든 해결책을 완벽하게 주는 사람은 될 수 없겠지. 그러나 문제가 생겼을 때 가슴속에만 담아두지 말고 솔직하게 이야기할 수 있는 사이가 되기를 원하네. 답답한 일이 생기면 편하게 말해 줄 수 있겠지?

"마음의 문을 열기 위해서는 상대방이 유능하거나 상대방에게 마음을 보여주는 것이 유의미하다는 믿음을 가져야 합니다. 따라서 나의 능력이나 가능성을 통해 도움이 될 수 있을 거라는 믿음을 형성하고, 마음의 문을 여는 일에 새롭게 의미부여를 해야 합니다. 이런 노력이 뒤따라야만 마음의 문이 쉽게 열릴 수 있습니다" 알리바바가 말했다.

"그렇군요. 이제야 다섯 번째 주문에 대해 이해할 수 있을 것 같습니다."나는 머리를 끄덕이며 알리바바에게 말했다.

"그러면 딸이 왜 아빠에게 집 나간 엄마에 대해 말이 없는지도 이해가 됐나요?"

"네? 무엇 때문이죠?" 갑작스럽게 딸아이에 관한 질문을 하는
바람에 깜짝 놀랐다.

"바로 지금까지 이야기한 유용성 때문입니다. 아빠에게 엄마
에 대해 말하는 것이 아무 소용없다고 생각하기 때문이죠. 자신
의 마음을 솔직하게 말해도 특별히 달라질 게 없다는 판단 때문
입니다."

"아무 소용이 없을 거라는 생각 때문에 이야기하지 않는다?"
나는 더듬거리며 알리바바의 말을 따라 해 보았다.

"딸만 그런 마음을 가지고 있는 건 아니죠. 회사에서 강 과장
은 어떨까요? 마음속에 품고 있는 생각을 솔직히 털어놓는 게
의미 있다고 생각했을까요?" 알리바바가 다시 내게 물었다.

"글쎄요. 잘 모르겠습니다." 얼굴이 붉어진 나는 겸연쩍게 대
답했다.

"아내도 역시 마찬가지입니다. 남편에게 마음속 이야기를 한
다는 것이 무슨 의미, 무슨 소용이 있을까 싶어서 아예 마음의
문을 닫아버린 거죠. 혹시 딸의 생일에 저녁을 함께 먹자고 아내

에게 전화할까 고민하지 않았나요?"

"네. 그랬어요."

"왜 그랬죠? 왜 아내에게 전화를 걸지 못하고 그냥 포기한 거죠?"

"아! 그렇군요. 역시 아내에게 전화를 걸어 대화하는 게 아무 소용없을 거라고 판단했어요. 진심을 얘기해도 아무런 도움이 되지 못할 거라고 생각한 거죠." 나는 공연히 부끄러운 마음에 알리바바의 눈을 피했다.

"그러면 지금 아내는 어떤 마음일까요?"

"글쎄요. 아마 아내도 같은 마음이 아닐까요? 나와 함께 이야기하고 저녁을 먹는 것이 무의미하다고 생각했을지도 모르겠네요."

"그렇습니다. 세 번째, 네 번째 주문인 호의성, 공감성도 문제지만 그 다음으로는 마음의 문을 여는 것이 어떤 소용, 어떤 의미가 있을 것인지가 가장 중요합니다. 아내에게 어떻게 다섯 번째 주문을 말할 것인지 잘 생각해 보기 바랍니다. 아내가 마음의 문을 여는 것이 어떤 의미가 있는지에 대해, 어떻게 들려줄지 고민해 보시기 바랍니다."

알리바바가 돌아간 뒤, 나는 오래도록 잠을 이루지 못하고, 몸을 뒤척였다. 다섯 번째 주문에 따르면 아내의 마음 문을 열기 위해서 내가 해야 할 일은 '나는 당신을 도울 수 있습니다'는 주문을 말하는 것이다. 어떻게 말해야 되는가? 아내를 도울 수 있다는 것은 무엇을 의미하는가? 아내는 지금 어떤 도움을 필요로 하는 것일까? 그물처럼 얽힌 생각들 속에 밤이 깊어갔다.

"

자기를 좋아하는 사람도, 필요로 하는 사람도 없다고
느낄 때 오는 고독감은 가난 중의 가난.

"

테레사 수녀

제6장

여섯 번째 주문

초 대

○ 나는 당신을 초대합니다 ○

＊

6월 11일, 내 생일이다. 딸아이의 생일은 양력 6월 10일이고 나는 음력 5월 8일인데 이번에는 하루차이가 되었다. 어제 딸아이의 생일을 축하하기 위해 샀던 케이크 한 조각과 오렌지주스 한 컵으로 아침을 대신했다. 출근길 발걸음은 여전히 무거웠다.

오전 10시, 임원회의가 열렸다. 회의 내내 노동조합의 파업결의에 따른 회사의 대책을 둘러싸고 설전이 벌어졌다. 노사협상을 계속해야 한다는 의견과 더 이상의 협상은 무의미하며, 이번 기회에 노동조합의 성향을 온건하게 바꾸기 위해서라도, 회사가 강경대응에 나서야 한다는 의견이 팽팽하게 맞섰다. 나는 특별히 의견을 제시하지 않고 입을 다물고 있었다. 지금 이 시점에서는 어떤 결정을 내려도 최선의 결정이 되지는 못할 것 같았다. 나는 사람들의 논쟁을 흘려들으며 오늘 밤 듣게 될 알리바바의 주문이 더욱 궁금해졌다.

회의가 끝났을 때는 이미 1시가 넘었다. 부랴부랴 사무실을 나와 택시를 잡아타고 약속장소로 향했다. 5년 전부터 활동하고 있는 여행모임의 회원 몇 사람과 함께 점심을 먹기로 했다. 뷔페식 레스토랑에 들어서니 이미 모두 도착하여 나를 기다리고 있었다.

"아, 미안합니다. 오전에 회의가 길어졌어요."

"괜찮습니다. 우리끼리 이런저런 이야기를 나누고 있었어요. 이제 주인공도 오셨으니 촛불을 밝힐까요?" 총무를 맡고 있는 C가 호탕한 목소리로 말했다.

일행은 케이크에 초를 꽂고, 불을 붙이고, 노래를 불렀다. 샴페인이 터지고 한 잔 가득히 따라준다. 그리고 건배! 이상하게도 마음이 텅 비어갔다. 즐겁지도 슬프지도 않은, 백지장처럼, 무중력의 공간에 놓여 있는 듯한 기분이 들었다. 다시 건배!

점심을 먹고 사무실로 돌아왔다. 밀린 업무를 처리하는데 여기저기서 문자메시지가 들어온다. 생일 축하메시지다. 들어오는 대로 답신을 보내주었다. 저녁이 되었다. 퇴근시간이 되니 쓸쓸한 마음이 더했다. 마음을 달랠 길이 없었다. 한참을 망설인 끝에 아내에게 문자를 보냈다.

"잘 지내고 있어? 오늘이 내 생일인데….그냥 궁금해서 연락했어."

5분, 10분, 30분이 지나도 답신은 오지 않았다. 괜한 짓을 한 게 아닌가 하고 후회했다. 책상을 정리하고 사무실을 빠져나왔다. 집으로 돌아오는 길에 편의점에 들려 캔 맥주 5개와 마른안주 한 개를 샀다. 딱딱하게 굳은 근육을 풀어주기 위해 따뜻한 물로 샤워를 했다. 쟁반에 맥주와 안주를 챙겨 서재로 들어갔다. 알리바바를 불렀다.

"알리바바님!"

"여기 있습니다. 오늘은 조금 빠르군요. 그런데 거기 옆에 있는 것은 맥주가 아닌가요?"

"네. 맞습니다. 캔 맥주예요. 저랑 같이 한 잔 하실래요?" 나는 알리바바가 술을 마시는지 궁금해하며, 맥주 한 캔을 불쑥 내밀었다.

"좋습니다. 오늘은 날이 정말 덥군요. 시원하게 한 잔 마시죠." 알리바바가 캔 맥주를 덥석 받으며 잘됐다는 듯이 말했다.

알리바바는 캔 뚜껑을 따더니 갈증 난 사람처럼 벌컥벌컥 마시기 시작했다. 알리바바가 캔 맥주를 마시는 모습을 보자, 내 마음속에는 더 큰 갈증이 일어났다. 나도 얼른 뚜껑을 따서 캔 맥주를 들이켰다. 뭐라 표현해야 할까? 시원했다? 그래, 정말로 시원했다. 묵은 갈증이 사라지는 듯싶었다. 몸과 마음에 쌓인 때 묻은 찌꺼기가 모두 씻겨 내려가는 것 같았다.

"오늘이 생일이죠? 축하합니다." 알리바바가 차분한 목소리로 내게 말했다.

"감사합니다." 답례의 말을 조금이라도 더 해야 한다고 생각했지만 아무 말도 할 수가 없었다. 아니 아무 말도 하고 싶지 않았다. 목구멍에 커다란 돌멩이 하나가 콱 박힌 기분이 들었다. 그런 내 마음을 이해하는지 알리바바도 더 이상 말을 걸지 않았다. 침묵 속에서 꿀꺽꿀꺽 맥주 삼키는 소리만 들렸다.

얼마나 시간이 흘렀을까? 나는 갑자기 담배가 피우고 싶었다. 그러면 조금은 마음이 진정될 것만 같았다. 서랍을 열어보니 지난번에 피우고 남은 담배가 반 갑 정도 남아 있었다. 한 개비를 꺼내어 입에 물었다. 불을 붙이고 담배연기를 깊숙이 들이마셨다가 내뱉어 보았다. 알리바바도 생각에 잠겼는지 고개를 숙이고 있다. 갑자기 가슴이 뜨거워졌다. 마음을 식히기 위해 캔 맥주 3개를 연거푸 마셨다. 그렇지만 가슴은 더욱 뜨거워지기 시작했다.

"알리바바님!"

알리바바가 천천히 고개를 들어 나를 물끄러미 바라보았다. 아무런 질문도 건네지 않았다.

"알리바바님, 마음의 문을 여는 여섯 번째 마법의 주문에 대해 얘기해 주십시오."

알리바바가 고개를 좌우로 가로젓더니 말을 꺼내기 시작했다.

"먼저 마음속에 있는 이야기부터 꺼내보세요. 지금 무척 힘들고 우울해 보입니다. 답답하게 담아두지 말고 속 시원하게 털어내세요."

"아! 저도 잘 모르겠습니다. 뭘 어떻게 해야 할지. 아니, 도대체 뭐가 문제인지도 잘 모르겠어요. 모든 게 다 엉망이 돼 버렸어요.”

“천천히 마음속에 있는 생각을 모두 말해 보세요. 논리적이지 않아도 됩니다. 두서없이 그냥 떠오르는 대로 말하세요. 부끄러워할 것도 없고 걱정할 필요도 없습니다. 오늘 들은 이야기는 모두 잊어버릴 테니까요. 편안한 마음으로 하세요.”

“저는 아내와 결혼한 후 15년이 되도록 별다른 문제없이 잘 지내왔습니다. 그런데 최근 2년 전부터 심각한 갈등을 빚어왔고, 결국 아내는 집을 나가버렸어요. 제가 무엇을 잘못한 걸까요? 저는 큰 욕심이 없습니다. 오직 하고 싶은 일이 있다면 세계를 떠돌며 여행을 하는 일입니다. 그러나 현실은 그렇지 못합니다. 경제적인 문제도 있지만 아내와 아이, 부모님을 비롯한 관계의 문제가 더 큰 짐으로 느껴집니다. 자유롭게 살고 싶습니다. 뜨겁게 살고 싶습니다.”

나는 머릿속이 어지러워 잠시 말을 멈추었다. 알리바바는 내 어깨에 손을 얹고 툭툭 두드렸다.

“고맙습니다. 그냥 아무 말이나 생각나는 대로 이야기할 테니 이해해 주세요. 자유를 갈구하는 제 마음과 현실 속에 머물러야 하는 마음이 너무 달라서, 때때로 심한 우울감에 빠지게 됩니다. 사람과의 문제도 힘듭니다. 정기적으로 부모님을 찾아뵙고, 가족과 외식을 하고, 주변 사람들의 애경사도 찾아다녀야 하고…그러나 제 마음은 홀가분한 삶을 원합니다. 한가롭고 여유 있는 인생을 살고 싶어요. 회사와 일도 그렇습니다. 주변 사람들은 대부분 저를 부러워합니다. 대기업의 이사로 성공했다고 말하죠. 그러나 제게는 아무 의미 없는 일입니다. 제가 젊었을 적에 가졌던 꿈을 생각하면 이 정도의 지위는 그야말로 작은 성취를 거둔 것에 불과할 뿐이지요. 가끔 제 자신에 대해 심한 무력감에 사로잡히기도 합니다. 그리고 금지된 것들, 제가 아직 이루지 못한 것들에 대한 욕망과 야망으로 괴로워하죠. 그러면서도 단순한 관광이 아니라 체험하고 생활하는 여행가로서의 삶을 꿈꾸며, 현실적 목표와의 모순 사이에서 느끼는 이율배반적인 감정에 사로잡히곤 합니다."

"그렇군요. 참, 인생이란 어렵고 복잡해요. 하고 싶은 일과 현실 사이에는 많은 간극이 존재하죠."

"아내와의 관계도 정말 힘듭니다. 물론 갈등이 시작된 원인은 제게 있다고 생각합니다. 회사 일에 미쳐 주말도 없이 몇 년 동안 지방출장을 다녔던 일, 아내 모르게 보증을 서서 생활에 어려움을 겪었던 일, 친구들과의 술자리가 좋아 새벽 늦게 귀가하던 일, 처가에 중요한 일이 생겼을 때 소홀했던 일, 아내의 입장보다는 어머니를 더 많이 옹호했던 일, 아이의 교육문제에 아내의 의견을 무시하고 일방적으로 결정했던 일 등 많은 문제의 발단이 제게서 비롯되었어요. 그 점에 대해서는 진심으로 미안한 마음입니다." 한숨이 저절로 나왔다.

"그러나 이렇게까지 상황이 악화되리라고는 생각지 못했습니다. 모두 지나간 일들이라 생각했습니다. 아내도 충분히 이해했으리라 생각했지요. 지금 와서 생각해 보니 결코 그렇지 않았던 모양입니다. 모든 게 수면아래 잠재돼 있었죠. 그러다 어느 날 갑자기 화산이 폭발한 것처럼 한꺼번에 분출돼 나왔습니다. 함께 살아오면서 쌓이고 맺혔던 모든 감정들, 분노, 수치심, 원망, 경멸, 고독, 슬픔들이 한데 어우러져 밖으로 터져 나온 거죠. 그리고 그때부터는 모든 일들이 꼬이기 시작했습니다. 사소한 일로도 싸움이 시작됐고, 아무 생각 없이 던진 말 한마디로 전쟁이 벌어졌어요. 그러면 다시 감정에 상처를 입으며 화가 쌓였고 그 다음에 갈등이 재발하면 더욱 격하게 대립하곤 했죠. 한 치의 양보도 없이 죽기 살기로 싸웠어요. 다시 생각해 봐도 너무나 괴로운 순간들이네요."

나는 말을 멈추고 긴 한숨을 쉬었다. 마지막으로 남은 캔 맥주의 뚜껑을 열고 차가운 맥주를 입으로 흘려 넣었다. 목구멍을 타고 넘어가는 맥주의 냉기가 마음을 조금 가라앉혀 주었다. 나는 흥분된 마음을 진정시키며 알리바바에게 말했다.

"알리바바님, 도대체 제가 어떻게 해야 되나요? 어떤 인생을 살아야 하는지, 사람들과의 관계는 어떻게 해야 되는지, 아내와의 갈등은 어떻게 풀어가야 하는지 모르겠습니다. 세속적인 욕망과, 그런 것들은 모두 부질없다는 생각, 또 내가 무능력하기 때문에 핑계를 대는 것이라는 열등감이 저를 괴롭힙니다. 마음의 문을 여는 주문이 이런 제 마음에 해법이 될 수 있을까요?"

"잘 들었습니다. 정말로 많이 힘들고 아프리라 생각됩니다. 제가 그 질문에 대한 답을 드릴 수 있을지는 잘 모르겠습니다. 앞으로 남은 두 가지 주문을 모두 알려드리고 그때 다시 한 번 이야기를 나눠보도록 하죠. 그런데 마음속에 있는 이야기를 입 밖에 내놓고 나니 조금은 시원해지지 않았나요?"

"마음이 한결 편안해졌습니다. 사실 지금까지 한 이야기는 누구에게도 말하기 어려운 내용들이라 가슴속에만 묻어두고 살아왔습니다. 가족에게 하기도 어렵고 친구나 직장사람들에게도 못하겠더군요. 나를 이해할 수 있을까? 이상하게 보거나 나쁘게 보지는 않을까? 이야기한다고 달라지는 게 있을까? 그런 마음 때문에 못 했던 것 같습니다.그리고 보니 모두 마법의 주문에 해당되는 내용이군요."

나는 마음속 생각을 입 밖으로 꺼내기 시작했을 때 가졌던 불안감을 완전히 떨쳐버리고 여섯 번째 주문에 대한 호기심에 사로잡혔다.

"알리바바님, 어서 여섯 번째 주문에 대해 알려주세요."

"마음의 문을 여는 여섯 번째 마법의 주문은 '나는 당신을 초대합니다.'입니다. 함께 말해 보실까요?" 알리바바가 말했다.

"나는 당신을 초대합니다."

"한 글자씩 천천히 다시 한 번 말해 보세요."

"나 는 당 신 을 초 대 합 니 다!"

나는 한 글자 한 글자씩 힘을 주어 여섯 번째 마법의 주문을 외워보았다.

"먼저 이야기 한 대목을 보여드리겠습니다. 마음속으로 읽어

보세요." 알리바바는 책 한 권을 펼쳐 나에게 내밀었다. 그 페이지에는 다음과 같은 내용이 적혀있었다.

"특히 눈동자에 힘이 있었다. 보기에 따라서는 무섭다고 느낄 만큼 강렬한 불빛이 두 눈에 서려 있었다. 하지만 한편으로는 부드럽기도 했다. 그는 그녀를 무척 걱정하고 있는 것처럼 보였다.

'왜 울고 있니?'

그가 다시 물었다. 소녀는 한쪽 손을 흐르는 물살에 다시 갖다 댔다. 아직은 낯선 소년에게 마음을 열 준비가 안 돼 있어서 대답 대신 질문을 던졌다.

'넌 누구니?'

그가 대답을 하려고 했지만, 갑자기 자신도 이해할 수 없는 절박하고 긴박한 감정이 울컥 솟아올라, 결국 그녀는 그의 대답을 막았다. 있잖아, 아직은 네가 누군지 알고 싶지 않아.

'말하지 마'

그녀는 이렇게 중얼거리면서도 스스로의 태도에 당황했다. 예전보다 더 당혹스러운 기분으로 눈을 내리깔며 다시 한 번 기어들어가는 목소리로 말했다.

"네가 누군지 말하지 마. 그냥 그렇게 조금만 더 미스터리로 남아 줘. 지금은 더 이상 진실을 받아들일 자신이 없어."

그가 그녀 쪽으로 다가왔다. 제스는 본능적으로 한 발짝 뒤로 물러섰지만, 그는 단지 그녀를 지나쳐 수심이 더 깊은 쪽으로 갈 뿐이었다.

– 리버 보이 중에서 / 팀 보울러 / 다산책방

"음. 문체가 매우 흥미롭군요. 마치 심리소설 같아요. 이 내용이 여섯 번째 주문과 어떤 관련이 있는 거죠?" 나는 알리바바에게 재촉하듯이 물었다.

"소년은 소녀가 울고 있는 모습을 보고, 걱정스러운 표정으로 소녀의 마음속에 무엇이 있는지 궁금해 했습니다. 그것이 첫 번째 주문, 관심이었죠. 그리고 소녀에게 "왜 울고 있니?"라는 질문을 던졌어요. 그러자 소녀는 낯선 소년에게 마음의 문을 열 준비가 안돼서 물었습니다. '넌 누구니?' 그것이 바로 두 번째 주문, '두드려라. 그러면 물을 것이다'에 해당됩니다. 그리고 소년이 소녀의 마음을 열려면 세 번째 주문 호의성, 네 번째 주문 공감성, 다섯 번째 주문 유용성을 이야기했어야 합니다. 그러나 아쉽게도 소녀가 소년의 대답을 막았어요. 아직은 상대방을 마음속에 받아들일 자신이 없다고 말했죠. 그러자 소년은 그녀를 지나쳐 갔어요. 마음의 문을 열려고 노력하지 않고 그냥 소녀를 내버려 둔 거죠."

"그래서요?" 나는 조바심이 나서 알리바바에게 물었다. 무슨 의미인지 선뜻 와 닿지 않았다.

"너무 서두르지 말아요. 이야기 한 편만 더 읽고 계속해서 말하기로 하죠. 여기 왼쪽 페이지 제일 위에 있는 글을 읽어보세요."
나는 알리바바가 새로 내민 책을 받아 들었다.

어느 틈에 잠이 들었는지 더운 아랫목에 누워 있던 이토벤이 눈을 떴을 때 노인은 벌써 일어난 듯 이부자리가 정돈되어 있었다. 문틈으로 새벽기운이 스며들었다. 노인이 방 안으로 들어오는 인기척을 느끼고 이토벤이 몸을 일으켜 앉자 노인은 뜻밖의 질문을 했다.

'아이를 위해 악기를 만들고 있다고?'
"그동안 아이에게 해 준 것이 아무것도 없었어요. 이대로 그 아이 곁을 떠나고 만다면, 저는 잘못만 저지른 채 아이와 아내를 버린 놈이 된다는 생각으로 괴로웠습니다. 제 육체와 영혼이 스며있는 유산을 남겨주고 싶었습니다. 제가 잘못되더라도 아이에게 그 바이올린으로 연주할 때마다 함께 있다는 느낌을 주고 싶습니다. 바이올린에 제 영혼이 깃들 수 있다면 아이도 그걸 느끼겠죠?"

이토벤은 낯선 노인에게 하룻밤 만에 이렇게 마음을 열고 속내를 털어놓는 자신이 신기했다. 노인은 말없이 방문을 열어젖혔다. 희뿌옇게 날이 밝아오고 있었다.

– 경청 중에서 / 조신영, 박현찬 / 위즈덤 하우스

"어떤 내용이 적혀있죠? 이토벤이라는 주인공이 낯선 노인에게 하룻밤 만에 마음을 열고 속내를 털어놓았다는 내용이 나오죠. 과연 어떻게 해서 그렇게 됐을까요? 마법의 주문들 중에서 세 번째 호의성, 네 번째 공감성, 다섯 번째 유용성이 적용되었기 때문에 마음을 열게 된 겁니다. 노인은 나쁜 경찰이 아니었고, 이토벤의 마음을 충분히 이해할 수 있는 연장자이고, 또 영혼이 깃든 바이올린 제작을 도와줄 수 있는 사람으로 느껴졌죠. 따라서 이토벤은 자신도 모르는 사이에 마음의 문을 열게 된 겁니다."

"그렇군요. 지금까지 배웠던 주문들의 의미가 한꺼번에 이해되었습니다. 그런데 여섯 번째 주문은 어떻게 되나요? '나는 당신을 초대합니다'에 대한 설명은 아직 못 들은 것 같습니다만…"

"혹시 알로호모라(Alohomora)라는 말에 대해 아시나요?" 알리바바가 물었다.

"아뇨. 잘 모르겠습니다. 무슨 말이죠?"

"알로 호모라는 소설 해리포터에 나오는 마법의 주문입니다. 잠겨있는 문을 향해 지팡이를 들고 알로 호모라 주문을 외치면 문이 열린다고 합니다. 열려라 참깨와 같은 주문이라고 할 수 있겠네요."

"재미있군요. 알로 호모라!"

"마법의 세계에서 잠겨있는 문을 여는 마법의 주문은 간단합니다. 그냥 알로 호모라라고 외치면 되죠. 그러나 현실세계에서 마음의 문을 여는 주문은 간단하지 않습니다. 마음의 문은 어떤 때는 쉽게, 그리고 어떤 경우는 활짝 열리지만 대부분은 조금씩, 천천히 열립니다. 때로는 열렸다가도 다시 닫히고, 어떤 경우는 다시는 열릴 것 같지 않다가도 슬그머니 열립니다. 따라서 마음의 문을 열 때는 마법의 세계와 다르다는 것을 명심해야 합니다. 그리고 때에 따라서는 내 마음의 문을 먼저 열어야 합니다. 상대방을 내 마음의 문 안으로 초대해야 합니다. 그것이 바로 '나는 당신을 초대합니다'는 여섯 번째 주문입니다."

"조금만 더 자세히 설명해 주시겠습니까? 아직 잘 이해가 되질 않아서요…"나는 머리를 긁적이며 알리바바에게 부탁했다.

"두 번째 주문은 충분히 이해했다고 생각합니다. 두드려라, 그러면 열릴 것이다. 조금 전 함께 읽은 소설 속에서도 소녀가 물었습니다. '넌 누구니?' 그러나 마음속에 받아들일 준비가 돼 있지 않아 소년이 대답하려는 것을 막았죠. 그러자 소년은 그냥 지나쳐 갔어요. 여기서 우리는 이런 사실을 생각해 볼 수 있습니다.

두드려도 묻지 않을 수 있다. 대답하려고 해도 들으려 하지 않을 수 있다. 즉, 마음의 준비가 안 돼 있을 수 있다는 겁니다. 마음의 준비가 안 돼 있다는 것이 어떤 상황인지 알 수 있겠습니까? 예를 들어 누군가 다른 사람이 내 집을 방문하고 싶어 할 때 허락해 주기 곤란한 상황을 상상해 보면 됩니다."

"다른 사람이 집을 방문하려는데 허락하기 곤란한 상황이라…. 내가 바쁜 상황이라 방문하는 것이 부담스러울 수도 있고, 기분이 안 좋아서 혼자 있고 싶을 수도 있고…. 뭐 그렇지 않을까요?"

"그렇습니다. 그리고 이런 경우도 있겠죠. 집 안의 가구나 장식이 초라해 손님이 오는 것을 꺼리거나, 청소를 안 해서 지저분한 모습을 보여주기 싫거나, 이미 방문한 손님이 많아서 새로운 손님을 맞기 어려울 수도 있습니다. 또는 이제 막 일어나서 부스스한 모습이거나, 잠시 후 외출 준비를 해야 되거나, 어린아이가 함께 와 집안을 어지럽히지는 않을까 걱정하는 경우도 있습니다. 모두 집 안으로 손님을 받아들일 준비가 안 돼 있는 상황이죠. 마음의 문은 어떨까요? 역시 마찬가지입니다."

"마음의 문도 마찬가지라고요? 가령 마음이 어수선하거나, 근

심걱정이 많거나, 다른 사람이 벌써 마음을 차지하고 있거나, 마음의 문을 열면 상처를 입지 않을까 걱정되는 상황을 말하는 건가요?"

"그렇습니다. 모두 손님을 맞을 준비가 안 된 경우입니다. 그렇기 때문에 마음의 문을 열어주지 못하게 됩니다."

"그럴 때는 어떻게 해야 하나요?"

"소년처럼 하면 됩니다. 억지로 마음의 문을 열려고 하지 말고 그냥 내버려 둬야죠. 다가가지 말고 스쳐지나가야 합니다. 나중에 준비가 됐을 때 다시 문을 두드려야죠. 그렇지 않으면 상대방은 더 굳게 문을 걸어 잠그기 마련입니다. 상대방을 내 마음 안으로 초대해야 합니다."

"상대방을 내 마음 안으로 초대한다는 것은 무얼 의미하나요?"

"말 그대로입니다. 상대방에게 내 마음의 문을 열어 주는 것이죠. 내가 가지고 있는 생각, 내가 느끼는 감정, 내가 처해있는 상황에 대해 솔직하게 보여주는 것입니다. 나의 약점도 보여주고, 나의 특이한 습관이나 실수에 대해서도 얘기하는 것입니다. 때에 따라서는 마음속에 묻어둔 비밀도 이야기하는 겁니다. 마치 처음에는 거실만 보여주다가 점차 서재도 보여주고 마지막에는 침실까지 보여주는 것과 같은 일이죠. 지금까지 이야기한 것을 정리하면 다음과 같습니다."

나는 당신을 초대합니다

❶ 나의 생각을 알려준다.

❷ 내가 느끼고 있는 감정을 알려준다.

❸ 내가 처해있는 상황에 대해 알려준다.

❹ 나의 약점이나 결점을 알려준다.

❺ 나의 실수, 경험에 대해 알려준다.

❻ 나의 특이한 습관이나 버릇을 알려준다.

❼ 나의 비밀을 알려준다.

❽ 내가 겪고 있는 갈등, 고민을 알려준다.

❾ 내가 가지고 있는 꿈, 목표, 계획을 알려준다.

❿ 나의 개인적인 정보(키, 혈액형, 취미, 특기 등)를 알려준다.

알리바바는 쉬지 않고 말을 이어갔다.

"이런 행동을 통해 사람들은 상대방에게 호감과 신뢰감을 느끼게 됩니다. 그리고 자신과 비슷한 사람이라는 동질감을 갖게 되죠. 그러한 과정을 통해 자신도 마음의 문을 열고 상대방을 초대해야겠다는 마음이 자연스럽게 형성됩니다."

"마치 우리가 집으로 초대한 손님이 '다음에 저희 집으로 한번 초대하겠습니다.'고 말하는 것과 똑같은 것이군요." 나는 비로소 여섯 번째 주문을 이해할 수 있었다.

"그렇습니다. 마음을 여는 세 번째, 네 번째, 다섯 번째 주문도 중요하지만 상대방을 내 마음의 문 안으로 초대하는 여섯 번째 주문이 훨씬 효과적인 경우도 많습니다. 다른 사람의 마음 문을 여는 데만 급급하지 말고, 상대방이 마음의 준비가 돼 있는지를 살펴야 합니다. 만약 준비가 안 돼 있다면 먼저 내 마음속으로 초대하는 것이 가장 좋은 방법입니다. 그러나 세상 사람들은 대부분 그렇게 하지 않습니다. 초대받는 것은 좋아해도 다른 사람을 초대해 정성껏 대접하는 것은 꺼려합니다. 뿐만 아니라 손님이 찾아와도 문 안으로 불러들이지 않는 경우도 많습니다. 그런 방식으로는 다른 사람의 마음 문을 열 수 없습니다. 때로는 내가 먼저 초대하는 것이 상대방에게 가장 빨리 초대받는 방법이라는 것을 잊지 말아야 합니다. 다시 한 번 여섯 번째 주문을 외워보시겠습니까?"

"나 는 당 신 을 초 대 합 니 다" 나는 10글자를 한 자씩 떼어가며 큰 소리로 읽어보았다.

"이제 여섯 가지 주문을 알려줬고, 마지막으로 한 가지 주문만 남았습니다. 일곱 번째 주문을 알려주기 전에 먼저 들려줄 얘기가 있습니다. 우리가 처음 만났을 때 나눴던 대화를 기억하나요?" 알리바바는 진지한 표정으로 말했다.

"어떤 부분에 대해서요? 세 가지 약속에 대한 이야기 말인가요?"

"그렇습니다. 세 가지 중에 마지막 약속에 대한 겁니다. 첫 번째 약속은 마음의 문을 여는 주문을 책으로 써 달라고 했습니다. 두 번째 약속은 교육을 통해 많은 사람들에게 마음을 여는 주문을 전해달라고 했습니다. 이제 세 번째 약속을 말하겠습니다. 지금까지 우리가 나눈 이야기를 책으로 쓰면 많은 사람들이 마음을 여는 마법의 주문에 대해 알고 싶어 할 것입니다. 그중에는 하루하루를 너무나 힘들고 괴로운 시간 속에서 살아가는 사람들도 있을 겁니다. 인간관계의 문제 때문에 깊은 슬픔과 불행을 겪고 있는 사람들도 있을 겁니다. 그런 사람들이 찾아오면 따뜻하게 대하겠다고 약속해 주세요. 그 사람들에게 새로운 희망과 용기를 주겠다고, 그들이 마음의 문을 여는 일곱 가지 주문을 분명하게 깨달을 수 있도록 돕겠노라고 약속해 주세요. 다시 한 번 묻겠습니다. 세상 사람들이 닫힌 동굴 속에서 나와 마음의 문을 활짝 열고 살아가도록 도와줄 것을 약속할 수 있겠습니까?"

"약속하겠습니다. 닫힌 마음의 문 때문에 고통 받는 사람이 있다면, 그리고 다른 사람의 마음 문을 열지 못해 힘들어하는 사람이 있다면, 제가 할 수 있는 모든 노력을 다해 힘껏 돕겠습니다." 세 번째 약속이 나에게도 큰 보람이 되리라는 생각이 들어 나는 힘주어 약속했다.

"좋습니다. 지금 말한 약속의 의미로 다른 사람들이 도움을 요청할 수 있는 연락처를 책에 실어주기 바랍니다. 오늘은 여기서 마치기로 하죠. 내일 다시 찾아와 마지막 주문에 대해 알려주겠습니다. 피곤할 테니 일찍 잠들도록 하세요. 그럼…"

알리바바는 다시 사라졌다. 이제 나는 여섯 가지 주문만으로도 모든 사람들의 마음 문을 열 수 있을 것 같았다. 그런데 왜 알리바바는 일곱 가지 주문을 알기 전까지는 다른 사람의 마음 문을 열려는 시도를 하지 말라고 당부한 것일까? 과연 마지막 주문은 무엇일까? 내일이면 모든 비밀을 알 수 있으리라. 잠자리에 들기 전, 혹시라도 내 도움이 필요한 사람들을 위한 연락처를 정리해 보았다. 피곤해서 그냥 자고 싶었지만 어쩔 수 없다. 알리바바와의 약속을 지켜야 하기 때문이다.

닉네임 : 푸른고래

이메일 : azus39@naver.com

카톡 : bluestr50

* 혹시라도 도움이 필요하다면 언제든지 마음을 열고 내게 연락주기 바랍니다.

"

사랑할 만한 것은 사랑하고 미워해야 할 것은
미워할 줄 알아야 하는 것이 인간.
그리고 그 차이를 분간하는 데 쓰는 것은 두뇌.

"

로버트 프로스트

제7장

일곱 번째 주문

보호

。 닫혀라 참깨! 。

아침에 회사에 출근하니 분위기가 심상치 않았다. 마침내 노동조합이 다음 주 월요일부터 파업에 들어가기로 한 것이다. 즉시 회의실로 올라오라는 연락이 내려왔다. 엘리베이터를 타고 12층으로 올라가니 임원들과 담당부서장들이 하나둘씩 모여들었다. 대책회의는 3시간 넘게 계속되었지만 결론을 내지 못하고 겉돌기 시작했다. 단호하게 직장폐쇄를 감행하자는 쪽과 재협상을 통해 조금 더 양보안을 제시해야 된다는 의견이 맞섰다. 양측의 의견을 들으며 사장은 괴로운 표정으로 눈을 감고 있었다. 어떤 쪽이던 최종결정은 사장이 선택할 수밖에 없는 상황이다. 사장은 어떻게 결정할까? 마침내 사장이 눈을 떴다. 참석한 사람을 한 명씩 살펴보더니 나에게 말을 건넨다.

"박 이사는 노동조합에 참여했던 경력이 있지 않나요?"

"네, 신입사원 시절에 위원장으로 활동했습니다." 나는 사장의 질문에 깜짝 놀라 대답했다.

"그러면 노동조합이 무엇을 바라고, 앞으로 어떻게 하려는 것인지 잘 알겠네요. 회사가 이번 사태에 어떻게 대응해야 한다고 생각하나요?"

그 순간, 마치 기다리고 있었던 사람마냥 내 입에서는 생각지도 못했던 말들이 튀어나오기 시작했다.

"지금 회사의 경영여건을 놓고 보면 노동조합의 요구사항을 수용한다는 것은 불가능한 일입니다. 그렇다고 아무 대책 없이 직장폐쇄를 단행하면 노동조합의 반발, 거래처와의 계약위반, 고객 이탈 등 여러 가지 부작용으로 인해 큰 손실이 발생할 것이 분명합니다. 따라서 저는 노동조합과 마지막 협상을 시도해 보는 것이 어떨까 싶습니다. 지금 노동조합 집행부가 매우 강경한 노선을 밝히고 있지만 분명히 협상의 여지가 있으리라 생각합니다. 허락해 주신다면 제가 개인적으로 노동조합 집행부를 만나 대화를 나눠보고 싶습니다. 반드시 합의점을 찾아서 해결해 보겠습니다." 이야기를 마치고 나는 긴장된 마음으로 사장을 바라보았다.

내 말이 끝나자 회의장의 분위기가 술렁이기 시작했다. 어찌 보면 그것은 만용이고 모험일 수도 있었다. 이미 수십 차례의 교섭을 통해서도 이뤄내지 못한 합의를 무슨 수로 혼자 해결해 보겠다는 것일까? 그러나 이미 내 마음속에는 확고한 자신감이 가득 차 있었다.

잠시 후 사장이 입을 열었다.

"좋습니다. 한번 믿어보기로 하죠. 금요일까지 시간을 주겠습니다. 노동조합이 월요일부터 파업에 돌입한다고 하니 만약 협상에 실패하면 토요일부로 직장폐쇄를 결정하겠습니다."

회의를 마치고 사무실로 돌아오자마자 나는 다리에 힘이 풀려 의자에 털썩 주저앉고 말았다. 막상 큰 소리를 치기는 했지만 시간이 지날수록 걱정이 몰려왔다.

"괜찮아. 알리바바가 알려준 마법의 주문만 있으면 돼. 모든 것은 마음의 문을 여는 거다. 닫혀있는 노동조합의 마음을 열기만 하면 되는 거야. 첫 번째 주문이 뭐였더라? 문 뒤에 무엇이 있는지 궁금해하라. 그리고 그 다음이…"

오후에는 다른 업무를 전혀 할 수가 없었다. 알리바바가 말해 준 여섯 가지 마법의 주문을 종이에 적어놓고, 각각의 주문이 가지고 있는 의미와, 그 이면에 숨겨져 있는 맥락을 고민해 보고, 또 어떤 방법으로 적용될 수 있는지 고민했다. 어두운 터널 속에 갇혔다가, 희미한 불빛이 보였다가, 출구가 나타났다가, 다시 어둠 속을 헤매는 시간이 반복되었다.

저녁 7시, 회사 근처에 있는 바(Bar)로 향했다. 약속은 없었다. 혼자서 간단하게 한 잔 하고 싶었다. 20대 시절을 빼면 처음 있는 일이다. 20대라? 갑자기 시간을 거슬러 오래 전 추억들이 단편영화처럼 머릿속을 스쳤다.

"중학교 3학년, 대부도로 가는 배를 놓쳐 인천 연안부두에서 하룻밤을 꼬박 새우던 기억, 밤새 타오르던 모닥불이 꺼져가며 남겨진 빨간 불씨들, 친구의 기타반주에 맞춰 노래 부르던 산울림의 '빨간 풍선', '휘파람을 불지 마'"

"고등학교 2학년, 방학을 이틀 앞두고 친구 세 명과 함께 전격적으로 찾아 나선 연평도, 갑판 위에서 5시간 동안 하염없이 바라보던 바다, 우연히 말을 걸게 된 소녀, 한 양동이 가득 삶은 조개를 밤새도록 까먹던 기억."

"대학교 1학년, 캠퍼스 잔디 위에 누워 알베르 까뮈의 "이방인"을 읽으며 바라본 태양, 무작정 집을 뛰쳐나갔던 새벽녘의 여명, 부평 어디쯤엔가 있던 조그만 공장에서 먹물을 병에 담으며 우울해하던 기억."

툭하면 배낭과 기타를 둘러메고 길을 나서던 시절도 있었고, 해안가 경비부대에서 군복무를 하며 지켜봤던 바다의 모습들, 일출, 월출, 달맞이꽃, 안개비에 젖은 바다, 폭풍우에 휩쓸리던 바다, 눈 내리던 바다, 그 바다가 곁에 있는 것만으로도 행복했던 시절이었다. 그렇게 20대의 중반을 보냈고 나는 단순해졌다. 단순해지고, 단단해지며 나는 높은 돌 성을 쌓고 마음속에 들어앉기 시작했다.

갑자기 옛날 일을 생각하니 공연히 쓴웃음이 나왔다. 그래 웃자! 하하하!

바(Bar)에 들어가 자리를 잡고 칵테일 한 잔을 주문하였다. 얼마나 남았지? 아직 20분쯤 남아있었다. 며칠 전 지나가는 길에 입구에 걸어놓은 현수막을 보니 오늘 저녁 8시부터 라이브 공연이 있다고 적혀 있었다. 몇몇의 가수들 이름이 쓰여 있었는데 그중에서 '해바라기'란 이름이 눈에 번쩍 들어왔다. 그리고 오늘

이곳에 오게 된 것이다.

　잠시 후 공연이 시작되었다. 인사말과 소개를 듣고 보니 바
(Bar)의 주인도 가수란다. 1984년, 4주 훈련을 받고 자대로 배치
받기 위해 논산훈련소를 걸어 나올 때 연병장 스피커에서 흘러
나오던 노래, 지금도 많은 사람들이 즐겨 부르는 '얼굴'이라는
노래의 여가수였다. "동그라미 그리려다 무심코 그린 얼굴~~~
내 마음처럼 피어나던 하이얀 그대 모습" 반갑고 신기한 마음과
함께 노래가사가 입속에 맴돌았다. 해바라기는 세 번째 순서로
출연했다. 연이어 두 곡을 부르고 앵콜송으로 노래신청을 받는
데 누군가가 큰 목소리로 '내 마음의 보석상자'를 외친다. 소리
나는 곳을 바라보니 40대 초반의 여성이다. 갑자기 아내의 얼굴
이 떠올랐다. 아내는 지금 무엇을 하고 있을까? 해바라기가 노
래를 시작했다.

　　　- 내 마음의 보석상자 -

　　난 알고 있는데 우리는 사랑하고 있다는 것을 우린 알고 있었지 서
　　로를 가슴깊이 사랑한다는 것을

　　햇빛에 타는 향기는 그리 오래가지 않기에 더 높게 빛나는 꿈을 사

랑했었지

가고 싶어 갈 수 없고
보고 싶어 볼 수 없는 영혼 속에서 가고 싶어 갈 수 없고 보고 싶어
볼 수 없는 영혼 속에서

우리의 사랑은 이렇게 아무도 모르고 있는 것 같아 잊어야만 하는
그 순간까지 널 사랑하고 싶어

가고 싶어 갈 수 없고 보고 싶어 볼 수 없는 영혼 속에서 가고 싶어
갈 수 없고 보고 싶어 볼 수 없는 영혼 속에서

해바라기의 노래를 들으며 나는 문득 알리바바의 말이 생각났다.
혹시 알리바바가 말하려는 보물이 이것은 아닐까? 영혼 속에서
마음의 문을 열면 사랑을 발견할 수 있다는 걸까? 나는 이해가
잘 안 돼 머리를 절레절레 흔들었다. 어서 집으로 가야겠다. 알리
바바를 만나서 직접 물어보자. 나는 바에서 나와 집으로 향했다.

집에 도착해서 간단하게 세수를 마친 후, 나는 서재로 들어갔다.

"알라바바님, 어디 계시나요?"

알리바바가 모습을 드러냈다. 오늘도 책 한 권을 손에 들고 있다. 제목을 보니 '우리는 사랑일까'라고 적혀있다. 어떤 내용인지 궁금했다.

"알리바바님, 저는 금요일까지 노동조합 대표를 만나야 합니다. 그리고 다음 주부터 예정된 노동조합의 총파업을 막기 위한 합의점을 찾아내야 합니다. 어서 일곱 번째 마법의 주문을 말해주세요. 제가 어떻게 하면 노동조합의 마음 문을 열 수 있는지 알려주세요!"나는 진심으로 알리바바에게 호소하였다.

"알겠습니다. 매우 어려운 일을 맡았군요. 오늘 마지막으로 일곱 번째 주문에 대해 알려주겠습니다. 먼저 여기를 한번 읽어보십시오." 알리바바가 책을 펼치며 오른쪽 페이지 중간부분을 손가락으로 가리켰다.

감정적인 벌거벗음은 남에게 자신의 약함과 모자람을 드러내는 데서 시작된다. 거기에 의존하면, 우리는 존재라는 엄연한 사실 외의 다른 방법으로 어떤 인상을 심어줄 능력을 빼앗기게 된다. 더는 거짓말하거나 허세부리지 못하고, 뽐내거나 미사여구 뒤로 숨지 못한다. 몽테뉴는 감정적으로 벌거벗게 되는, 죽음을 맞는 순간에는 단순한 프랑스어(자신의 모국어)로 말해야 한다고 했다.

내 필요를 얘기할 때는 감정적으로 벌거숭이가 된다. 당신이 없으면 헤매게 될 거라고, 독립적인 사람처럼 보이려 애썼지만 사실은 그렇지도 않으며, 인생의 방향이나 의미도 모르는 형편없이 유약한 인간이라고 고백하는 것이다. 내가 그 사실을 이야기할 때 다른 사람이 알면 끝장이지만, 나는 당신이 비밀을 지켜줄 거라고 믿는다. 파티에서 유혹적인 시선을 던지는 게임을 그만두고 내가 관심 있는 사람은 바로 당신뿐이라는 사실을 인정하고 나면, 나는 조심스레 빚어온, 단단한 허상을 벗어버린다. 나는 무방비상태가 되어, 서커스 묘기에 나선 사람처럼 판에 묶인 채 상대방을 믿어 버린다. 그는 내 피부에 스칠 듯 비수를 던진다. 내가 자의로 그에게 내준 비수를.

나는 당신 앞에서 초라하고 자신을 믿지 못하고 동요하며 자신감을 잃고 자신을 증오하는 모습을 보였으므로, [필요한 경우] 그 반대의 모습이 되리란 걸 당신에게 설득할 수가 없다. 새벽 3시에 겁에 질린 얼굴을 당신에게 보일 때면 난 약한 사람이 된다. 저녁 식사를 하면서 뽐내던 허세도, 낙관적인 철학도 없이 존재 앞에서 불안하다. 나는 엄청난 모험을 받아들여야 한다. 내가 평소 자신감 넘치는 미인이 아니더라도, 당신이 내 두려움과 공포를 줄줄 꿰고 난 뒤에도, 당신은 날 사랑할 것인가.

－『우리는 사랑일까』 중에서. 알랭 드 보통. 은행나무

"너무 어렵습니다. 무슨 뜻인지 잘 모르겠어요. 마치 철학서적을 보는 것 같네요." 나는 머리를 좌우로 심하게 흔들었다.

"알리바바와 40인의 도적 이야기를 기억하십니까? 거기서 카심이 어떻게 됐죠?" 알리바바가 물었다.

"카심이요? 알리바바에게 마법의 주문을 알아내어 동굴 속으로 들어갔다. 보물을 훔쳐 나오려다 "열려라 참깨" 주문을 잊어버려 동굴 안에 갇혀 버린다. 결국 동굴로 돌아온 도적들에게 발견되어 죽는다. 뭐 그런 내용 아니던가요?"

"맞습니다. 마음의 문을 여는 일곱 번째 주문은 '닫혀라 참깨'입니다"

"닫혀라 참깨? 그건 문을 닫을 때 외우는 주문으로 알고 있습니다. 마음의 문을 열 때도 닫혀라 참깨가 사용되나요?"

"물론 '닫혀라 참깨'는 문을 닫을 때 사용하는 주문입니다. 그러나 그것 말고도 몇 가지 의미를 더 가지고 있습니다. 기억을 되살려 보세요. 누군가 집에 왔다가 문을 닫지 않고 그냥 돌아간 적이 있지 않나요?"

"몇 번 있었습니다. 손님이 찾아오면 대부분 문밖까지 배웅을 나가니까 그런 일이 많지는 않습니다. 그러나 옆집에 사는 이웃이 놀러왔다가 문을 열어둔 채로 그냥 돌아간 경우도 있었고, 음식을 배달 온 사람이 문을 닫지 않고 그냥 가버린 경우도 있었습니다. 또 언젠가는 친한 친구가 말도 없이 사라졌는데 그때도 역시 문을 열어두고 갔더군요."

"그때 어떤 마음이 들던가요?"

"글쎄요. 아마 "문도 안 닫고 갔네." 그렇게 생각했던 것 같네요. 약간 불쾌하거나 언짢은 느낌이 들었던 적도 있고요."

"그렇습니다. 마음의 문도 마찬가지입니다. 다른 사람의 마음의 문을 열고 들어가면 그곳에서 나올 때는 다시 문을 닫아주고 나와야 합니다. 그러지 않으면 상대방의 마음이 다칠 수 있습니다. 사람의 마음속은 동굴과 같습니다. 어둠으로 인해 볼 수 없는 곳도 있고, 또 알리바바의 동굴처럼 보물로 가득한 곳도 있습니다. 모두가 소중한 공간이죠. 그렇게 소중한 공간이 침해되지 않도록, 따뜻한 공간이 되도록 보호해 주는 것이 바로 일곱 번째 주문입니다. '닫혀라 참깨'는 다음과 같은 것을 의미합니다."

닫혀라 참깨가 의미하는 것

❶ 상대방의 비밀을 지켜주는 것

❷ 상대방을 보호해 주는 것

❸ 상대방을 보살펴 주는 것

❹ 상대방의 생각을 수용해 주는 것

❺ 상대방의 감정을 어루만져 주는 것

❻ 상대방의 입장을 이해해 주는 것

❼ 상대방의 영역을 인정해 주는 것

❽ 상대방에게 상처를 주지 않는 것

❾ 상대방의 마음속에 보물이 가득 차 있다는 것을 믿어주는 것

❿ 상대방의 마음속에 있는 동굴도 함께 받아들여주는 것

나는 알리바바가 말한 10가지 사항을 마음속으로 천천히 따라 읽어 보았다.

"조금 전에 보여준 '우리는 사랑일까'에는 '내가 그 사실을 이야기할 때 다른 사람이 알면 끝장이지만, 나는 당신이 비밀을 지켜줄 거라고 믿는다.'는 구절이 나옵니다. 마음의 문이 열리려면 마음의 문을 열고 들어오는 사람이 비밀을 지켜줄 것이라는 믿음이 있어야 합니다. 이 믿음이 없으면 문을 열지 못하고, 혹시

라도 이 믿음이 깨지면 다시는 문을 열어주지 않습니다. 마음의 문이 열리면 나는 무방비상태가 되어, 서커스 묘기에 나선 사람처럼 판에 묶인 채 상대방만 믿게 되지요. 그런데 그가 내 피부에 스칠 듯 비수를 던지면 어떻게 될까요? 아마 다시는 그에게 마음의 문을 열지 않을 겁니다. 이번 주 금요일까지 노동조합 간부를 만나야 된다고 말했던가요?"

"네. 금요일까지 합의점을 찾아내야 합니다."

"지금까지 말한 내용을 잘 생각해 보세요. 노동조합 간부를 만나 마음의 문을 열려면 "당신이 내 두려움과 공포를 줄줄 꿰고 난 뒤에도, 당신은 날 사랑할 것인가."에 대한 답을 명확하게 전달할 수 있어야 합니다. 어제까지 말한 여섯 가지 주문만으로는 부족합니다. 일곱 번째 주문을 함께 외치지 않으면 문은 열리지 않을 것입니다."

"아! 정말 어렵군요. 여섯 가지 주문만으로도 충분할 것이라 생각했는데 말이죠. 마음의 문을 연다는 것이 사랑을 얻는 것보다 더더욱 어려운 것 같습니다" 나는 풀죽은 목소리로 알리바바에게 말했다.

갑자기 알리바바는 웃음을 띠며 내게 말했다.

"내 입으로 보물 이야기는 안 해도 되겠군요?"

"네? 그게 무슨 말이죠? 저는 아직 보물이야기는 못 들었습니다. 마음의 문을 여는 마법의 주문을 알게 되면, 알리바바님이 동굴 속에서 발견한 보물보다도 더 값진 보물들을 얻게 될 것이라고 말씀하셨죠. 어떤 보물인가요?" 나는 어리둥절한 표정으로 알리바바에게 물었다.

"그 보물에 대해서는 이미 집으로 오기 전에 들렀던 바(Bar)에서 모두 들었습니다. 이 세상에서 가장 값진 것은 바로 사람의 마음입니다. 사람의 마음은 영혼과도 같습니다. 보고 싶어도 볼 수 없고, 가고 싶어도 갈 수 없는 곳에 있죠. 그런 마음의 문을 열고 그 속으로 들어갈 수 있는 능력을 가졌다는 것이 첫 번째 보물입니다. 두 번째 보물은 사람의 마음속에 숨겨져 있습니다. 마음의 문을 열고 들어서면 그곳에는 꿈, 사랑, 열정, 용기, 가능성 같은 보물들이 무궁무진하게 감춰져 있죠. 그 보물은 땅속에 묻혀있는 원석과 같습니다. 발견해 주는 사람이 없으면 평범한 돌덩어리에 불과하죠. 누군가 그 돌을 발견하여 깨끗한 물로 씻고 햇빛에 비춰주면 이 세상에서 가장 빛나는 보석이 되는 겁

니다. 그래서 '내 마음의 보석상자'라 부르는 거죠. 이제 마음의
문을 여는 마법의 주문을 모두 알려드렸습니다. 세상에 나가 다
른 사람들의 닫힌 마음 문을 활짝 열어주세요. 그러면 그 마음속
에서 빛나는 보석들이 밖으로 나올 겁니다. 세상은 한층 밝고 아
름다워지겠죠."

나는 아무 대답도 못 하고 고개만 끄덕였다. 알리바바가 한 마
지막 말을 되뇌어 보았다.

"묻혀있는 보석들을 마음의 문밖으로 나오게 하라."

"이제 일곱 가지 주문을 모두 알려주었으니 나는 돌아가야 합
니다. 이제 오래도록 만날 수 없을 겁니다. 지금까지 이야기한
마음의 문을 여는 주문에 대해 함께 정리해 보죠."

마음의 문을 여는 마법의 주문

❶ 첫 번째 주문(관심) – 문 뒤에는 무엇이 있을까?

❷ 두 번째 주문(신호) – 두드려라. 그러면 물을 것이다.

❸ 세 번째 주문(호의) – 나는 나쁜 경찰이 아닙니다.

❹ 네 번째 주문(공감) – 나는 당신을 이해할 수 있습니다.

❺ 다섯 번째 주문(유용) – 나는 당신을 도울 수 있습니다.

❻ 여섯 번째 주문(초대) – 나는 당신을 초대합니다.

❼ 일곱 번째 주문(보호) – 닫혀라 참깨!

"마지막으로 한 가지만 당부합니다. 제 형인 카심은 마법의 주문을 잊어버려 죽음을 당했습니다. 다른 사람의 마음 문을 열 때 일곱 가지 주문만은 꼭 기억하세요. 절대 잊어버리지 마세요. 마음의 문을 열려면 먼저 상대방에게 관심을 갖고 신호를 보내세요. 그 다음으로 호의성, 공감성, 유용성을 증명하세요. 만약 마음을 열 준비가 안 됐으면 먼저 내 마음속으로 초대하세요. 마음의 문이 열리면 그때 정중하게 방문하세요. 꽃이나 선물을 가지고 방문하는 게 좋겠죠. 절대로 다른 사람의 마음속 보물을 탐내지 마세요. 동굴 속 어두운 부분을 흉보거나 모욕하지 마세요. 마음대로 이곳저곳을 거닐거나 손대면 안 됩니다. 돌아올 때는 반드시 문을 꼭 닫아주고 오세요."

나는 알리바바의 말을 한마디도 놓치지 않으려고 모든 신경을 집중했다.

"이제 노동조합의 마음 문을 열 수 있을 겁니다. 아내와 딸의 마음도, 강 과장의 마음도 활짝 열 수 있고, 세상 모든 사람들의

마음 문을 열 수 있을 겁니다. 행운을 기원합니다." 알리바바가
말을 마쳤다.

"알리바바님, 정말 고맙습니다. 제가 약속한 세 가지 사항은
반드시 지키겠습니다. 언젠가 다시 만날 수 있으면 좋겠네요."
나는 정중하게 고개를 숙여 알리바바에게 감사의 뜻을 표했다.

알리바바는 손을 들어 몇 번 흔들더니 웃으며 사라졌다. 마음
한편에서는 기쁨이, 다른 한편으로는 걱정이 앞섰다. 나는 일곱
가지 마법의 주문에 대해 알리바바가 들려 준 대로 처음부터 떠
올리기 시작했다. 일곱 가지 주문을 생각할수록 더욱더 많은 것
들이 새롭게 느껴졌다. 또 새로운 의문도 생겨나기 시작했다.
알리바바의 하녀 모르지아니에 대해서도 궁금한 것이 있었는데,
미처 물어보지 못해 못내 아쉬웠다. 도적이 알리바바의 대문에
동그라미 표시를 하자 모르지아니도 집집마다 똑같은 표시를 했
다고 적혀있었다. 과연 그것은 무엇을 의미하는 걸까?

갑자기 휴대폰 벨소리가 울렸다. 전화를 받아보니 노동조합
위원장이었다. 오후에 문자메시지를 보냈는데 이제야 연락이 온
것이다. 만나고 싶지 않다는 위원장을 잠깐이면 된다고 설득했다.
내일 오후 4시에 만나기로 하고 약속을 잡았다. 나는 전화를 끊

고 잠시 더 생각에 잠겼다. 쉽게 잠이 오지 않아 뒤척이다 간신히 눈을 붙였다.

"무슨 어려운 일을 겪고 계신가요?"라고
물어보는 것이 곧 이웃에 대한 사랑이다

프랑스 철학가 시몬 베유

제8장

마법의 주문을
갖고
길을 나서다

마음을 여는 일곱 가지 주문

김 위원장을 만나기로 한 곳은 양평 용문사에서 3km 정도 떨어져 있는 전통 찻집이었다. 여러 사람의 이목이 있는 사무실보다는 둘이서만 대화를 나눌 수 있는 공간이 좋을 듯하여 이곳으로 정했다. 찻집에 도착하여 10분 정도가 지나니 김 위원장이 도착했다.

　"어서 오십시요. 길은 막히지 않던가요?" 내가 먼저 인사를 건넸다.

　"저야 엎어지면 코 닿을 데고 이사님이 서울에서 내려오시느라 고생하셨습니다. 그나저나 갑자기 무슨 일이십니까? 특별히 하실 말씀이 있다고 하셔서 나오기는 했지만, 지금 파업 문제로 사람들이 모두 예민해져 있습니다. 저도 바로 사무실로 들어가 회의를 주관해야 합니다." 김 위원장은 굳은 표정으로 말했다.

"위원장님, 많이 힘드시죠? 아시겠지만 저도 신입사원 시절에 노동조합 간부로 일했던 적이 있습니다. 2대 집행부에서 정책국장을 맡았다가 나중에 3대 노동조합위원장으로 당선되어 활동했습니다. 그러고 보니 벌써 20여 년 전 일이네요. 지금 생각하면 보람도 있었지만 고민과 회의도 많았던 생각이 납니다." 내가 말했다.

"네, 잘 알고 있습니다. 회사 설립 초기라 모든 것이 미비했던 시절인데, 많은 업적을 남겼다고 조합원들이 자주 이야기하더군요. 제가 경력사원으로 입사하기 10년 전쯤 되더라고요." 김 위원장의 표정이 조금씩 부드러워졌다.

"업적은 무슨, 그때는 변화가 참 많던 시절이었죠. 하루가 다르게 회사가 성장했어요. 회사를 설립한지 5년 사이에 100명도 안 되던 직원이 6000명까지 늘었고, 가입고객도 100만, 200만을 가파르게 뛰어넘기 시작했어요. 몇 년 후 정부의 민영화방침이 발표될 때는 모든 그룹들이 군침을 삼키는 황금알을 낳는 거위로 주목받았죠. 그랬던 회사가 이제 경영난으로 인수합병 문제에 처하게 됐으니 세월이 무상합니다."

김 위원장은 아무 말 없이 내 얼굴만 쳐다보았다.

"그때는 업무량이 너무 많아 저녁 9시~10시까지 일하는 것은 기본이었죠. 반면에 임금이나 복리후생은 정말 열악했습니다. 그리고 정부의 민영화 방침이 발표되면서 정리해고가 있지는 않을까 직원들의 불안감도 심각했어요. 다행히 시간이 지나면서 근로조건이 업계 상위 수준으로 향상되었고, 고용문제도 큰 마찰 없이 원만하게 해결되었어요. 노사협상을 하다보면 정작 어려운 것은 회사 측보다 조합원들인 경우가 많더군요. 지금은 그렇지 않나요?" 나는 넌지시 김 위원장에게 질문을 던져 보았다.

"네. 지금도 마찬가지입니다. 그런 경우가 가끔 있죠." 김 위원장이 고개를 끄덕였다.

"내가 위원장을 해보니 정말 누구에게 말 못 할 고민도 많더군요. 조합원은 대부분 강성노조를 좋아합니다. 조금만 회사에 약한 모습을 보이면 약체노조라고 수군거리죠. 그러다 보니 실리보다는 명분을 쫓기도 하고, 또 조합원들에게 강한 이미지를 주기 위해 불필요한 단체행동이나 과격한 협상방식을 택하기도 합니다. 조합 내에 노노갈등이 있는 경우는 더 심각한 일이 벌어집니다. 우리 때는 일부 지부장들이 차기 위원장 선거에 당선되기 위해 반대를 위한 반대를 일삼는 경우도 많았습니다. 조합원에게 왜곡된 정보를 악의적으로 퍼뜨리곤 했죠."

나는 김 위원장과 충분한 공감대가 형성될 수 있도록 오래전에 노동조합위원장으로 일하며 겪었던 일로 대화를 풀어나갔다.

"위원장은 정말 어려운 자립니다. 조합원을 위해 헌신해야 하지만 그렇다고 회사의 경영여건을 무시할 수도 없습니다. 회사가 잘 돼야 조합원도 잘 되는 것이니 회사와 노조 모두를 위한 합리적인 절충점을 고민하게 됩니다. 최종 결정권을 가진 사람으로서 책임감이 무겁죠. 그러나 대부분의 조합원은 요구만 할 뿐 참여는 하지 않습니다. 평상시에는 관심도 없다가 교섭결과에만 관심을 갖고, 불만족스러운 결과가 있으면 불평을 늘어놓기 시작하죠. 그런 일을 몇 번 겪고 나면 노동조합에 대한 회의도 많이 들게 되던데 김 위원장님은 그렇지 않나요?"

"이사님이 위원장을 해 보셔서 제 마음을 너무 잘 아십니다. 이 자리에서 다 말씀드릴 수는 없지만 여러 가지로 갈등이 많습니다." 김 위원장이 한숨을 내쉬며 말했다. 계속해서 무언가를 말할 것 같더니 이내 입을 다물었다. 마음의 문이 열리기는 했지만 아직 활짝 열리지는 않은 것이다.

"나는 지금 회사의 이사로서 이 자리에 온 게 아닙니다. 오래전에 노동조합 위원장을 했던 사람으로서 어떻게 하면 노동조합을 도울 수 있는지 알고 싶어서 왔습니다. 회사의 이사도 오너주

주가 아닌 이상, 모두 다 직원이라고 생각합니다. 나를 회사 측 교섭위원으로 생각하지 말고 노동조합과 한 편으로 생각해 주면 좋겠어요. 내가 할 수 있는 일이 있다면 최선을 다해 돕고 싶습니다." 나는 김 위원장의 눈을 쳐다보며 진심을 담아 말했다.

"네. 이사님 뜻은 충분히 알겠습니다. 회사 측 다른 교섭위원들보다는 아무래도 노동조합의 입장을 이해하고 도움을 줄 수 있는 분이라고 생각합니다." 김 위원장이 말했다.

"그렇게 생각해 준다니 정말 고맙네요. 노동조합에서는 월요일부터 파업에 돌입하기로 결의했습니다. 어떻게 하면 파국을 막을 수 있을까요?"

"그야 노동조합에서 요구한 사항을 회사에서 모두 수용하면 해결되겠죠." 김 위원장이 짧게 대답했다.

"회사에서 노동조합의 요구사항을 수용하는 것은 절대로 불가능한 일이라는 사실을 위원장님도 잘 알고 있을 겁니다. 협상테이블에서 하는 요구가 아니라 정말로 관철시켜야 한다고 생각하는 목표를 말해 보세요."

"100% 그대로입니다. 회사가 조합의 요구를 받아들이지 않으면 파업은 예정대로 진행될 것입니다." 김 위원장의 표정이 다시 굳어져 갔다.

나는 문득 알리바바의 하녀, 모르지아니의 이야기가 떠올랐다. 바로 이거였구나! 불확실한 위험 때문에 내 마음의 문을 알아차릴 수 없게 위장을 하는 것. 나는 김 위원장의 마음에 조금 더 확신을 줄 필요가 있다고 느껴졌다. 그러나 어떻게? 아직 마음의 문을 열 준비가 안 된 것이라면 먼저 내 쪽으로 초대해 볼까?

"김 위원장님, 제가 먼저 솔직하게 이야기하겠습니다. 지금 회사에서는 노동조합의 파업에 대한 대책이 강경노선 쪽으로 기울고 있습니다. 다음 주 노동조합이 파업에 들어가기 전에 직장폐쇄를 단행해야 한다는 주장이 힘을 얻고 있습니다."

"그게 정말입니까? 소문으로는 듣고 있었지만 설마 했었는데 사실이었군요." 김 위원장의 표정이 어두워졌다.

"어제 임원회의에서 논의된 사항입니다. 이번 주 금요일까지 새로운 합의점을 찾지 못하면 당장 토요일부터 직장폐쇄가 이뤄질 겁니다. 나는 무슨 일이 있어도 그런 사태만은 막고 싶습니다. 파업이든 직장폐쇄든 가장 큰 피해를 보게 될 사람들은 결국 직원들뿐입니다. 지금 공장에는 제 또래의 직원들도 많이 있습니다. 모두 사랑하는 아내와 귀여운 아들딸이 있겠죠. 제게도 딸이 하나 있는데 이제 고등학생입니다. 만약 아빠가 다니는 직장이 없어져서 출근을 못 한다면 딸아이의 마음은 어떨까요? 아내는 또 얼마나 걱정을 할까요? 그런 일이 발생하지 않도록 힘을 보태고 싶습니다. 회사가 어떤 사항을 양보하면 협상에 합의할 수 있는지 말씀해 주세요." 김 위원장은 주머니에서 담배를 한 개비 꺼내 피워 물었다. 담뱃불처럼 그의 속마음도 빨갛게 타들어가고 있으리라. 안타까웠다.

"저를 믿고 마음속에 있는 협상안을 알려주세요. 오늘 함께 나눈 이야기는 그 누구에게도 일체 말하지 않고 비밀을 유지하겠습니다. 오직 사장님께만 보고됩니다. 만약 사장님이 받아들이지 않는다면 그런 제안도 없었던 일로 하겠습니다. 그러니 혹시 다른 사람들이 알게 될까 걱정하지 않아도 됩니다."김 위원장은 담배를 피우며 목이 마른 듯 탁자위에 있는 물 한 컵을 단숨에 들이켰다.

"마음속에 생각하고 있는 협상안에 대해 알려주면, 회사로 돌아가 합의가 가능하도록 노력하겠습니다. 제가 강력하게 주장하면 누구도 쉽게 반대의견을 제기하지는 못할 겁니다. 만에 하나 그래도 받아들여지지 않는다면 직장폐쇄가 연기될 수 있도록 노력해 볼게요. 이사직을 걸고서라도 관철시켜보겠습니다. 그러니 저를 믿고 솔직하게 협상안을 얘기해 주세요."김 위원장은 내 얼굴을 똑바로 쳐다보더니 마침내 결의에 찬 표정으로 입을 열었다.

"좋습니다. 처음 이곳에 올 때는 예의상 차나 한 잔 마시려고 왔는데, 이사님 정성을 보니 도저히 그럴 수가 없군요. 제가 생각하는 협상안을 알려드릴 테니 꼭 관철될 수 있도록 도와주세요."김 위원장은 노동조합이 최종적으로 이루고자 하는 목표를 알려주었다. 나는 김 위원장의 요구사항을 구체적으로 정리한 후, 반드시 관철해야 할 사항과 절충 가능한 사항, 양보할 수 있는 사항에 대해 추가적인 의견을 주고받았다. 회사에서 받아들이기에는 쉽지 않은 협상안이었지만 분명히 방법이 있을 거라 생각했다. 세부적인 사항을 다시 한 번 확인한 후 김 위원장과 헤어지기 위해 인사를 건네려던 순간, 일곱 번째 주문 '닫혀라 참깨'가 떠올랐다. 나는 김 위원장에게 다음과 같이 덧붙였다.

"오늘 진심으로 감사드립니다. 특히 저를 믿고 마음속에 있는 이야기를 모두 솔직하게 들려준 것이 정말로 고맙습니다. 이제 회사로 돌아가면 노동조합의 요구사항이 받아들여질 수 있도록 최대한 노력하겠습니다. 그리고 오늘 여기서 나눈 이야기는 일체 외부로 알려지지 않을 겁니다. 그 점은 안심하셔도 됩니다. 저도 그랬지만 노동조합 위원장으로 일하다보면 여러 가지 고민과 갈등이 생길 겁니다. 힘내시고 계속해서 멋진 활동 기대하겠습니다. 다시 연락드리겠습니다."

김 위원장을 보내고 나서도 한동안 나는 찻집에 앉아 있었다. 그가 말한 요구사항은 회사의 입장에서 선뜻 받아들이기 쉬운 내용은 아니었다. 그러나 반드시 불가능한 요구라고 말할 수도 없었다. 어떤 관점에서 보느냐에 따라 결정이 달라질 수 있는 문제였다. 무엇보다도 내가 가장 기쁘게 생각한 것은 김 위원장이 자기 마음속에 담아 두고 있는 생각을 알려주었다는 것, 즉 내게 마음의 문을 열었다는 것이다. 물론 거기에는 내가 노동조합 위원장으로서 활동했다는 유사성이나 동질감도 작용했을 것이다. 그러나 그 또한 알리바바가 알려 준 '나는 당신을 이해할 수 있습니다'라는 네 번째 주문을 외운 것에 불과할 뿐이다. 나는 이제 모든 사람들의 마음 문을 열 수 있게 된 걸까? 아직은 확신이 없다. 그러나 곧 알게 될 것이다. 아내와 딸, 강 과장의 마음 문을 열어보면, 그리고 다른 사람들의 마음 문을 두드려보면 모든 것이 분명해질 것이다. 나는 가슴이 두근거리기 시작했다.

서울로 올라와 회사에 도착하니 저녁 8시가 넘었다. 사장실로 올라가 김 위원장과의 만남에 대해 보고하였다. 모든 보고가 끝난 뒤 사장이 내게 물었다.

"수고했습니다. 방금 얘기한 노동조합의 요구에 대해 회사가 어떻게 결정해야 한다고 생각하십니까?"

"모든 것은 결국 관점에 달려있습니다. 노동조합의 요구를 무시하고 대대적인 정리해고를 실시하면 단기적으로는 경영지표가 향상되는 효과를 얻을 수 있을지 모릅니다. 그러나 장기적으로 노사관계의 불신이 심해지고 노사분규가 반복되면서 경영전반에 걸쳐 악영향이 초래될 것입니다. 직원들의 신분 불안 및 사기저하, 주인의식 상실 등으로 인해 생산성이 저하되고 경영효율이 떨어질 것입니다. 제가 결정한다면 저는 노동조합의 요구를 수용하겠습니다. 다만, 회사의 사정이 노동조합의 요구사항을 100% 수용할 수 없는 형편이므로 오늘 김 위원장이 말한 제안에서 일부내용을 절충해 합의하면 어떨까 싶습니다."

사장은 고개를 끄덕이더니 내일 임원회의에서 결정하자며 말을 마쳤다. 나는 사장실에서 나와 엘리베이터를 타고 사무실로 내려왔다. 늦은 시간이라 모두 퇴근했겠지 생각했는데 강 과장이 아직 자리에 남아 있었다.

"어? 아직 퇴근을 안 했네. 일찍 안 들어가고 뭐해?"

"지난번에 말씀하신 하반기 마케팅계획안 작성에 필요한 인터넷자료를 검색하고 있었습니다." 강 과장이 대답했다.

"그래? 잠깐 하던 일 멈추고 내 방으로 들어오게. 커피나 한 잔 같이 하세."

"네. 제가 커피를 가지고 들어가겠습니다."

강 과장이 들어올 때까지 나는 일곱 가지 마법의 주문을 마음속으로 떠올려 보았다. 잠시 후 강 과장이 들어와 소파에 앉았다.

"강 과장, 요즘 업무가 많이 힘들지? 하반기 마케팅 계획 때문에 고생 많은 거 알고 있네."
"아닙니다. 별 말씀을요."
강 과장이 당황스러운 표정으로 대답했다.

"오늘 커피 한 잔 하자고 부른 건, 강 과장과 허심탄회하게 애기하고 싶어서야. 함께 일한 지가 5년이 됐는데도 내가 강 과장을 잘 모르고 있는 것 같아. 집에는 별일 없는가? 집사람과 아이는 다 건강하지?"

"네 건강하게 잘 있습니다."

"다행이군. 나는 요즘 아내와 사이가 좋지 않다네. 며칠 전에 아내가 집을 나갔는데, 아직도 돌아오지 않고 있어."

"네? 그런 일이 있는 줄 정말 몰랐습니다. 많이 걱정되시겠어요."
강 과장은 무척 놀라는 눈치였다. 이내 안쓰러운 표정을 지어 보였다.

"하하하, 괜찮아. 수소문해 보니 언니 집에 가 있더군. 곧 돌아오겠지 뭐."
나는 일부러 큰 소리로 웃었다.

"강 과장, 자네가 우리 본부에 있어서 얼마나 다행인지 몰라. 직접 말한 적은 없지만, 나는 강 과장을 항상 축복이라 생각하고 있네. 직장생활에서 성공하려면 상사 복, 동료 복, 부하 복이 있어야 되거든. 강 과장이 있어서 나는 부하 복이 많은 사람이라고 생각해. 정말 고맙네."

"아닙니다. 이사님께서 너무 과찬을 하십니다. 아직 많이 부족한 걸요."

"천만에, 일부러 하는 말이 아니고 진심으로 그렇게 생각해. 내가 20년간 직장생활을 했지만 강 과장처럼 능력 있고, 성실하면서도 인간미를 갖춘 사람을 본 적이 없어. 강 과장은 모든 상사들이 함께 일하고 싶은 부하라고 할 수 있지. 그래서 나도 강 과장에게 힘이 돼 줘야겠다고 마음먹고 있다네. 힘이라고 해야별 거 있겠나. 강 과장이 좋은 상사, 리더가 될 수 있도록 내가최대한 도와줄 생각이네."

"이사님, 정말 감사합니다. 저를 그렇게까지 생각하시는 줄은미처 몰랐습니다." 강 과장의 얼굴이 약간 홍조를 띠었다.

"앞으로 열심히 함께 일해 보세. 그런데 한 가지 궁금한 게 있는데 혹시 물어봐도 될까?"
"네. 말씀하세요. 어떤 사항이신지요?"

강 과장이 대답했다.

"먼저 내 얘기를 조금만 더 하지. 진부한 얘기처럼 들릴 수도 있겠지만 나도 한때는 강 과장처럼 똑같은 과장시절을 보냈다네. 물론 그 전에는 신입사원부터 주임, 대리 시절이 있었고, 과장에서 승진한 후에도 차장, 부장시절이 있었지. 내가 하려는 말은 강 과장이 어떤 고민을 하든 이해해 줄 수 있다는 말을 하고 싶은 거야. 업무 때문에 스트레스를 받았던 적도 많았고, 직장을 때려치우고 싶은 마음에 사로잡힌 적도 많았지. 어떤 때는 상사와 사이가 안 좋아 갈등했던 적도 있고, 또 어떤 때는 상사들 간의 갈등 때문에 힘들었던 적도 있었다네."

"이사님에게도 그런 시절이 있었다는 게 잘 믿기지 않습니다." 강 과장이 반신반의하는 표정으로 말했다.

"나도 신입사원부터 시작하여 여기까지 올라온 것이네. 17~8여 년 전에는 자네와 똑같은 과장이었지. 강 과장, 지금 기획 중인 하반기 마케팅계획안에 대해 할 말이 없는가?" 나는 조심스럽게 질문을 던져보았다.

"마케팅계획안이요? 글쎄요, 그게 뭐랄까…특별히 드릴 말씀이 없는데요." 강 과장이 말을 더듬었다.

"나는 강 과장이 솔직하게 모든 것을 이야기해 주길 바라네.

설사 내가 도움을 줄 수 없는 문제라 하더라도, 그런 문제까지 나와 상의했다는 사실만으로도 기쁠 거야. 그리고 자네가 어떻게 평가할지 모르겠지만 나는 스스로를 유능한 상사라고 생각하고 있네. 자네를 도울 일이 있다면 나는 발 벗고 나서서 도와 줄 거야. 어떤 문제인지 모르겠지만 분명히 도움이 될 거라고 나는 믿네." 강 과장은 내 눈을 피한 채 우물쭈물 대답을 못 하고 있었다.

"강 과장, 나는 자네에게 도움을 주려는 거야. 자네에게 피해가 돌아가게 할 생각은 추호도 없네. 오늘 함께 나눈 이야기는 우리 두 사람만 알고 있는 거야. 자네에게 어떤 이야기를 듣든 이 시간 이후로 입 밖에 꺼내는 일은 없을 거야. 만약 다른 사람에 관련된 일이라면 자네와 전혀 연관되지 않도록 하겠네. 그러니 아무 걱정하지 말고 속 시원하게 얘기해 보게." 나는 강 과장에게 확신을 주기 위해 목소리에 힘을 주어 말했다.

"이사님, 사실은 하반기 마케팅계획안을 수립하는 데 한 가지 문제가 생겼습니다." 마침내 강 과장이 입을 열었다.
"어떤 문젠가?"

"마케팅계획안의 세부실천플랜을 수립하는데 서 부장이 특정한 이벤트행사를 포함시키라는 지시를 내렸습니다. 그 이벤트를 수행할 수 있는 업체는 우리나라에서 한 곳밖에 없는데 소문에 의하면 서 부장의 친동생이 운영하는 회사라고 합니다. 물론 이벤트 내용이 마케팅플랜에 적합하면 포함하는 것도 생각해 볼 수 있는 일이지만, 제가 검토한 바로는 전체적인 콘셉트나 타깃이 우리 회사의 고객층에는 맞지 않는 것으로 나타났습니다. 서 부장에게 검토결과를 보고했더니 기획안을 다시 만들라며 심하게 화를 내더군요. 그래서 지난 번 이사님께도 보고를 드리지 못했던 것입니다. 서 부장이 자신에게 결재를 받기 전에는 아무에게도 보여주지 말라고 명령해서요. 정말 죄송합니다. 진작 말씀 드렸어야 하는데 확실한 물증이 있는 것도 아니고 해서 혼자서만 고민하던 참이었습니다." 강 과장이 머리를 숙이며 말했다.

"그런 일이 있었구나. 고맙네. 속 시원하게 얘기해 줘서. 내가 자세히 알아보도록 하지. 지금부터 이 문제에 대해 자네는 아무 것도 모르는 일이네. 일체 내색하지 말고 마케팅계획안 만드는 데만 몰두하도록 하게. 알겠지?"

"잘 알겠습니다." 강 과장은 후련하다는 듯 밝은 표정으로 자기 자리로 돌아갔다.

나는 소파에 앉은 채로 눈을 감았다. 오늘 하루 있었던 일들이 주마등처럼 지나갔다. 먼저 낮에 만났던 김 위원장과의 대화를 떠올려 보았다. 그 다음으로 조금 전 강 과장과 나눈 대화 내용도 떠올려 보았다. 알리바바가 알려준 일곱 가지 마법의 주문 중 내가 실천한 부분과 실천하지 못한 부분을 점검해 보았다. 내 마음속에 이런 외침이 들려왔다. "유레카!"

집으로 돌아왔다. 딸아이도 방금 전에 학원에서 돌아온 모양이었다.

"배고프지 않아? 아빠가 라면 끓여줄까?" 딸은 웬일이냐는 표정으로 대답 대신 고개를 끄덕였다. 나는 재빨리 옷을 갈아입고 라면 두 개를 끓였다. 식탁 위에 김치와 함께 차려놓고 아이를 불렀다. 아이가 자기 방에서 나와 식탁에 마주앉았다.

"학교생활은 어때? 재밌어?"

아이가 고개를 가로젓는다.
"아빠가 듣고 싶은 말이 있는데 솔직하게 이야기해 줄 수 있어?"

아무 대답도 없이 빤히 얼굴만 쳐다본다.

"아빠랑 엄마가 너를 얼마나 사랑하는지는 잘 알지? 어떤 일이 있어도 그 사실은 변함이 없는 거야. 엄마가 집을 나간 지 벌써 열흘이 넘었는데 그동안 엄마랑 통화했니?" 고개를 끄덕인다.

"많이 속상하지? 아빠가 정말 미안하구나. 아빠가 너와 똑같은 상황이었다면 엄청 방황했을 거야. 어쩌면 아빠는 남자니까 가출을 했을지도 모르지. 아빠랑 엄마의 싸움을 지켜보며 네가 얼마나 상처를 받을까, 생각하면 정말 마음이 아프단다." 나도 모르게 쏟아져 나올 듯한 눈물을 겨우 참아가며 계속 말을 이어갔다.

"이번이 처음은 아니니까 너도 잘 알거야. 아빠와 엄마는 지금 심한 갈등을 겪고 있단다. 아빠도 잘해 보려고 노력했는데 결국은 또 싸우고 말았어. 지금 엄마가 큰이모집에 있는 건 알고 있지?

아이가 아무 표정 없이 고개를 끄덕였다.

"아빠는 네 마음 알아. 아빠가 밉지? 조금만 참으면 되는데 공연히 엄마에게 화를 냈다고 생각하지? 아빠도 그렇게 생각해. 아빠가 남자니까 엄마의 사소한 잘못도 너그럽게 이해해야 하는데 말이야. 엄마가 집을 나가면 빨리 찾아가서 잘못했다고 사과

하고, 집으로 데려와야 하는데 아빠는 그렇게 안 했잖아." 아이
는 머쓱한 표정으로 고개를 끄덕인다.

"아빠가 잘못했어. 아빠는 우리 딸을 위해서라면 무슨 일이든
지 할 수 있어. 아빠가 어떻게 하면 좋을까? 네가 하라는 대로
할게." 딸아이는 여전히 말이 없다. 반응 없는 아이의 입이 언제
쯤 열릴지 답답했지만 참고 기다렸다. 그리고 침착하게 내 얘기
를 들려주었다.

"아빠도 요즈음 많이 힘들어. 엄마 문제도 있지만 회사도 복잡
한 일이 많이 생겼어. 그러다 보니 엄마에게 더 신경을 못 쓴 거
야. 솔직히 말하면 아빠도 매우 두렵고 걱정된단다. 엄마가 얼
마나 화가 나 있는지, 정말로 아빠와 헤어지려고 결심한 건지,
어떻게 하면 엄마를 설득할 수 있을지 모르겠어. 모든 일이 어렵
고 자신이 없구나." 나는 한숨을 내쉬었다.

"내일 엄마한테 찾아가서 사과하고 화해해요" 딸이 입을 열었다.
반가운 목소리다.

"사과하면 엄마가 받아줄까?"

"그건 모르죠. 확실한 건 엄마 스스로 집에 돌아오는 일은 결코 없을 거라는 거예요. 엄마도 전화로 그렇게 말했고요."

"알았어. 그렇게 할게. 그런데 왜 그런 말을 이제야 하는 거야?"

"예전에 엄마가 집을 나갔을 때는 몇 번이나 말했었죠. 아빠는 전혀 귀담아 듣지를 않았어요. 오히려 어른들 일에 참견하지 말고 공부나 열심히 하라고 하셨어요. 아빠는 잘못한 게 없기 때문에 사과할 수 없다. 엄마가 잘못했으니 먼저 용서를 빌어야 한다고요. 이번에도 제 생각을 말씀드려봐야 아무 소용없겠구나 생각했어요."

"아빠가 잘못했다. 내일 당장 엄마를 만나러 갈게. 무슨 방법을 써서라도 엄마를 데려올 테니 걱정하지 마. 알았지?"

"네, 아빠도 힘내세요!"

딸이 방으로 들어가자 나는 갑자기 허전함이 느껴졌다. 이제 알리바바를 만날 수 없으니 모든 문제는 혼자서 풀어나가야 한다. 알리바바가 알려준 마음의 문을 여는 주문을 컴퓨터로 출력하여 한쪽 벽에 붙였다. 일곱 가지 주문을 하나씩 읽어보며 아내에게 할 말을 정리해 보았다. 과연 어떻게 하면 아내의 닫힌 마음을 열 수 있을까? 일곱 가지 주문 중에서 내가 노력해야 할 사항은 무엇일까? 호의성? 공감성? 유용성? 내 마음으로 초대하기? 암흑 속에서도 조금씩 어둠을 뚫고 희미한 빛이 스며드는 느낌이었다. 내일은 아내를 만나러 가리라. 바라건대, 아내의 마음 문이 활짝 열리기를.

마음을 여는 일곱 가지 주문

> **"**
>
> **아름다움을 찾으려고 온 세상을 두루 헤매도
> 스스로의 마음속에 아름다움을 지닌 사람이
> 아니면 그것을 찾을 수 없는 법.**
>
> **"**

랄프 왈도 에머슨

제9장

내 마음의
보석 상자에는
무엇이 들어있나?

마음을 여는 일곱 가지 주문

이튿날 임원회의에서는 난상토론 끝에 노동조합의 요구를 수용하여 재협상에 임하기로 결정했다. 나는 즉시 김 위원장에게 이 사실을 알렸다. 김 위원장도 다음 주 월요일로 예정됐던 파업을 연기하고, 단체교섭이 재개되도록 추진하겠다는 뜻을 밝혔다. 회사나 노동조합을 위해서 천만 다행이었다. 회의에 참석한 임원과 간부들로부터 축하와 격려를 들으며 나는 사무실로 내려왔다.

오후에는 강 과장이 이야기한 마케팅 계획안에 대해 조사해 보았다. 그 결과 서 부장이 지시한 이벤트 행사건은 다소 문제가 있었다. 해당업체와 직접적인 연루관계는 파악되지 않았지만, 하반기마케팅 계획에 포함시키기에는 무리한 이벤트였다. 나는 강 과장에게 서 부장이 요구한 사항을 포함해 서너 가지 행사계획을 마케팅계획안에 추가하라고 지시했다. 그런 후 서 부장에게 직접 결재를 받도록 했다. 오후 늦게 서 부장이 마케팅계획안을 들고 사무실로 들어왔을 때, 나는 아무런 내색도 하지 않았다. 보완이 필요한 여러 가지 사항을 지적한 뒤 서 부장이 관련된 이벤트와 강 과장이 새로 추가한 이벤트에 대해 자연스럽게 반대 의견을 제시했고, 마케팅계획안에서 모두 제외하라고 지시했다. 서 부장의 표정이 딱딱하게 굳었지만 특별히 강 과장 때문이라고 생각하는 것 같지는 않았다.

그렇게 하루가 지나고 어느덧 퇴근시간이 되었다. 나는 회사를 빠져나와 아내가 머물고 있는 처형 집으로 향했다. 집 근처에 차를 주차하고 꽃집을 찾아 아내에게 줄 꽃다발을 샀다. 빨간 장미 33송이와 하얀 안개꽃을 예쁘게 포장했다. 초인종을 누르니 바로 아내의 목소리가 들렸다.

"누구세요?"

"나야." 무슨 말을 해야 할지 당황한 나머지, 나도 모르게 퉁명스런 목소리로 말했다. 순간, 정적이 이어지더니 잠시 후 아내가 다시 묻는다.

"나야가 누구예요?"

"알면서 왜 그래. 당신 남편이라고. 문 좀 열어 줘. 할 얘기가
있어."

"잠깐 기다려요. 곧 나갈 테니."

2~3분 후 아내가 외출복 차림으로 나왔다. 지금 손님이 와 있
으니 근처에 있는 커피숍으로 가자고 했다. 아내가 앞장서서 걷
고 나는 약간 뒤에서 따라갔다. 커피숍에서 아내는 커피를, 나
는 사과 주스를 시켰다.

"아직도 무슨 할 말이 남아있어? 지난번에 다 끝난 걸로 알고
있는데?" 아내가 먼저 입을 열었다.

"오늘 내가 당신한테 온 건, 당신 진심이 궁금해서야. 또 내가
당신한테 말하지 못했던 것도 솔직하게 말하려고."

"새삼스럽게 왜 그래? 다 부질없는 짓이야." 아내가 귀찮다는
듯이 말했다.

"먼저 이 꽃을 받아줘." 나는 장미 꽃다발을 아내에게 내밀었다.

"갑자기 웬 꽃이람?" 아내가 머뭇거리더니 어색하게 꽃다발을 받았다.

"당신한테 사과하기 전에 먼저 하고 싶은 말이 있어. 분명하게 말할게. 나는 당신을 사랑해. 입으로 표현하는 게 어색해서 자주 못 했지만, 내가 당신을 사랑한다는 것만은 의심하지 마. 비록 우리가 처음 만났을 때처럼 가슴 뛰는 뜨거운 사랑은 아니지만, 항상 당신을 생각하면 마음이 아프고, 잘해주고 싶어. 또 세상에서 가장 소중하다고 생각해. 당신도 내 마음 알지?" 나는 쑥스러운 마음을 뒤로하고 절실한 마음으로 고백했다.

"글쎄? 그런 사람이 항상 자기 생각만 하고 내 마음은 그렇게 몰라주나? 언제나 자기 위주로 행동하면서…" 아내가 쌀쌀맞게 대꾸했다.

"미안해. 내가 잘못했어. 당신과 떨어져 있으면서 진지하게 반성하는 시간을 가졌어. 당신 말처럼 나는 이기적이고 자기중심적인 사람이야. 이해심도 많이 부족하지. 내가 당신의 감정이나 입장을 조금만 더 깊이 헤아렸다면 지난 번 싸움도 일어나지 않았을 텐데. 내가 참을성이 부족했지."

지난 번 싸움도 정말 사소한 일로 시작됐다. 집 근처에 있는 영화관에서 심야영화를 보고 돌아오는 길이었다. 횡단보도에 이르러 말싸움이 시작됐다. 나는 50m를 더 가면 신호등 없이 자유롭게 건널 수 있는 곳으로 가자고 했고, 아내는 이곳에서 잠깐 기다렸다가 신호가 바뀌면 건너가자고 했다. 결국 말다툼이 시작되고 싸움으로 번지게 되었다. 그러면 으레 고부간의 문제에서부터, 자녀교육, 생활비, 용돈, 처갓집, 과거의 모든 잘못, 프라이버시까지 걷잡을 수 없는 수준의 공격과 방어가 오갔다.

사실, 이런 상황이 어느 날 갑자기 나빠진 것은 아니다. 오래전부터 가슴속에 조금씩 앙금이 쌓여왔던 것이다. 아내는 남편이 자신을 존중하지 않는다고 생각했다. 남편은 아내가 예전처럼 정성을 다하지 않는다고 생각했다. 아내는 남편이 처가에 무관심하다고 느꼈다. 남편은 아내가 시부모를 형식적으로 대한다고 생각했다. 아내는 남편이 아이들을 너무 자유롭게 방임한다고 생각했다. 남편은 아내가 아이들의 교육문제에 지나친 관심을 보인다고 생각했다. 아내는 남편이 집안의 중요한 일을 혼자서 결정한다고 생각했다. 남편은 아내와 중요한 일을 상의하는 것이 아무런 도움이 되지 않는다고 생각했다. 아내는 남편과 모든 것을 함께 공유하길 원했다. 남편은 아내에게 프라이버시의 필요성을 주장했다. 아내는 남편이 가족들과 함께 시간을 보내지 않는다고 질책했다. 남편은 아내가 사회생활이 얼마나 힘들고 어려운지 몰라준다고 비난했다. 아내는 남편이 자신을 더 이상 사랑하지 않는다고 생각했다. 남편은 아내가 아직도 철없는 사랑타령을 한다고 생각했다. 그리고 그 외에도 수많은 이유들로 남편과 아내 사이에는 우주보다도 넓고 바다보다도 깊은 틈새가 벌어지기 시작한 것이다.

"지금까지는 내가 당신을 이해하려는 노력이 부족했던 것 같아. 늘 내 입장에서만 판단해 왔지. 이해가 안 되는 점이 있으면 알아보려고 노력해야 되는데, 입을 다물고 마음속에 묻어버렸어. 그러다 보니 그게 쌓여서 이제는 사소한 문제에도 불만과 분노가 표출되는 것 같아. 나도 내가 왜 이렇게 변했는지 모르겠어." 아내는 조용히 나를 바라보았다.

"당신을 진심으로 이해하도록 노력할게. 그리고 당신이 잘못했다고 말하는 사항은 모두 고쳐 볼게."

"이제 아무 소용없어. 나는 더 이상 똑같은 얘기 반복하고 싶지 않아."
아내가 차가운 목소리로 말했다.

"제발 그렇게 말하지 마. 당신 설마 이혼을 원하는 건 아니겠지?" 아내는 대답하지 않았다.

"병원에 입원 중인 장모님께서 딸이 이혼한다는 사실을 알면 어떻게 되겠어? 그리고 우리 딸은? 당신이 이 세상에서 가장 사랑하는 딸아이의 마음을 모르지는 않겠지? 당신이 집을 나간 이후 한 번도 웃지 않았어. 아마 당신은 마음속으로 이런 생각을 할지도 모르겠네. '오늘 화해를 하고 집으로 돌아가 봐야 얼마 지나지 않아서 또 싸우게 될 거야. 그러면 다시 집을 나오고 결국 이혼하게 되겠지. 어차피 소용없는 일인데 차라리 오늘 여기서 끝내자.' 그렇지 않아?"

"잘 알고 있네. 이제는 더 이상 아무 것도 기대하지 않아." 아내가 말했다.

"그래. 그렇게 생각하는 것도 당연한 일이지. 우리 사이가 심각해진 것도 2년이 넘었으니까. 그동안 참 많이도 싸웠고 화해도 많이 했지. 이제는 절대로 싸우지 않으려고 결심했는데, 또다시 싸움이 벌어졌어. 나도 당신 마음 충분히 이해해. 사실 나도 며칠 전까지는 이혼도 생각했었어. 이대로 헤어지는 게 서로를 위한 길이라고 생각했으니까." 나는 부드러운 눈빛으로 아내를 바라보았다.

"그랬던 사람이 왜? 무슨 마음으로 오늘 찾아온 거야? 그냥 헤어지는 게 낫다고 생각한 사람이…" 아내가 이상하다는 듯이 물었다.

"글쎄. 한마디로 설명하기는 어려운데, 그냥 생각나는 대로 얘기하자면, 앞으로 당신의 마음 문을 열 수 있을 것 같은 자신감이 생겼다고나 할까?"

"내 마음의 문을 열어?" 아내는 이해가 안 된다는 표정으로 되물었다.

"요즘 누구한테서 사람이 가지고 있는 마음의 문에 대해 배우게 됐어. 그리고 나니 사람들의 마음이 보이기 시작하더군. 닫혀있는 문, 조금 열려져 있는 문, 활짝 열린 문, 그리고 어떻게 하면 마음의 문을 열 수 있는지도 알게 됐어. 반대로 내가 얼마나 마음의 문을 닫고 살아 왔는지도 알게 됐지. 지금까지 나는 내 마음속을 다른 사람들에게 보이지 않고 꽁꽁 감춘 채 살아왔던 거야. 세상에서 가장 소중한 당신에게도 말이지. 그렇지만 이제는 깨달았어. 내가 먼저 마음의 문을 열어야 한다는 사실을, 그리고 누군가와 깊고 소중한 관계를 맺으려면 그 사람의 마음의 문을 열 수 있어야 한다는 사실을 알게 됐지. 지금은 내가 하는 말이 이해 안 될 수도 있을 거야. 그렇지만 내가 하고 싶은 말은 당신을 진심으로 사랑한다는 것, 그리고 앞으로는 당신을 잘 이해해 줄 수 있을 것 같다는 거야. 한 번만 더 기회를 갖고 노력해 보자. 부탁이야."

"아직 잘 모르겠어. 당신이 내 마음을 이해해 주면 좋겠지만, 과연 그럴 수 있을지 모르겠어." 아내는 약간 혼란스러운 느낌에 빠진 듯 보였다.

"그래. 지금 당장 결정하지 않아도 좋아. 천천히 생각해서 알려줘." 나는 알리바바의 여섯 번째 주문을 떠올리고 아내의 마음 문을 급하게 열지 않아야겠다고 생각했다.

"그동안 어떻게 지냈어? 나는 정말 최악이었어. 당신이 집을 나간 후 잘되는 일이 하나도 없더라고. 회사에서는 구조조정이 시작됐고 노동조합에서는 파업을 선언했어. 다행히 재협상이 시작되어 해결의 실마리가 보이기 시작했지만, 나는 회사 측 교섭위원이 되어 해결책을 마련하느라 힘든 일주일을 보냈어. 게다가 부하직원들 사이에도 업무를 둘러싸고 갈등이 발생했어. 무엇보다 견디기 힘들었던 것은 아이 생일날 당신과 함께 있을 수 없었다는 거야. 아이도 내색은 하지 않았지만 무척 우울해 보였어. 그 다음날이 내 생일이었던 건 알지? 매년 당신이 끓여주던 미역국이 참 맛있었는데, 그걸 못 먹었더니 정말 서운하더라. 그냥 케이크 한 조각과 주스로 아침을 때웠지. 하하하!" 나는 일부러 큰 목소리로 유쾌한 척 웃었다.

"미안해" 아내가 작은 목소리로 말했다.

"아냐. 다 내 잘못인걸. 지지난주 일요일에는 수암봉으로 등산을 갔어. 2년 전에 당신과 함께 올라갔던 산인데 기억나지? 조 막걸리 한 사발 마시며 배추 고갱이에 고추장 찍어 안주로 먹었잖아. 거기 가니까 어찌나 당신 생각이 나던지, 하마터면 엉엉 울 뻔했다니까."

"아이고 참 거짓말도 잘하네." 아내의 입가에 미소가 피어났다.

"정말이라니까. 그 때 당신과 함께 마셨던 막걸리 맛은 정말 일품이었어. 이번에 가 보니 아쉽게도 없더라고. 참, 지난 주말에는 용문사에 1박2일로 템플스테이 다녀왔어. 양평공장에서 노동조합과 단체교섭을 마치고 돌아오다가 무작정 들렸지. 당신이 오래전부터 몇 번이나 함께 템플스테이를 가고 싶다고 말했는데, 그렇게 작은 소원 하나도 못 들어 줬으니 나는 참 나쁜 사람이야."

나는 아내에게 너무나 미안한 마음이 들었다.

"미안해. 생각할수록 내 잘못이 커. 당신 마음 이해 못 한 것도 있지만, 내 마음 자체도 이해하려고 노력하지 않았어. 당신이 이해 못 할 거라고 생각하고, 마음의 문을 걸어 잠갔지. 만약 당신한테 조금만 더 내 진심을 보여줬더라면, 이렇게까지는 안 됐을 거야. 정말 미안해." 나는 진심으로 아내에게 사과했다.

"아냐. 사실 나도 잘한 게 없어. 내 잘못도 크지." 아내의 목소리가 가늘게 떨리는 듯했다.

"언제부턴가 당신에게 가졌던 믿음이 깨지고, 나는 외골수처럼 행동했어. 부부는 서로의 잘못을 용서하고 덮어줄 수 있어야 하는데 그러지 못했지. 그러기에는 너무나 실망감이 컸어. 당신에 대한 배신감과 분노가 모든 것을 흐리게 만들었지. 그때부터 나는 당신이 하는 작은 실수나 잘못도 일체 용납하지 못했어. 마치 큰일이라도 난 것처럼 따지고 싸움을 시작했지. 아마 당신도 그게 많이 힘들었을 거야. 그리고 보니 마음의 문을 닫고 살아온 건 당신보다도 내가 더 그런 것 같네. 당신이 나를 사랑하는지에 대한 의문, 당신에게 이해받을 수 없을 거라는 생각, 얘기해봤자 소용없을 거라는 생각이 가득했지. 그럴수록 더 노력해야 한다는 걸 그때는 몰랐어. 가슴속에 맺힌 분풀이 하듯이 자꾸만 화를 냈지."

아내의 눈에 눈물이 맺히기 시작했다.

"그만해. 더 이상 말하지 않아도 돼." 나는 손수건을 꺼내 아내의 눈물을 닦아 주었다. 아내는 얼굴을 내게 맡기고 가만히 흐느꼈다. 우리는 아무 말 없이 멍하니 앉아 있었다. 그 때 갑자기 스피커를 통해 해바라기의 노래가 들려오기 시작했다.

"저 노래 알아? 사람 마음속에는 보석이 묻혀 있대. 처음에 발견할 때는 그냥 딱딱한 돌덩어리인데 물로 씻은 후 햇빛에 비추면 보석이 된대. 그래서 마음을 보석상자라고 부른대. 내 마음의 보석 상자에 무엇이 들어있는지 알아?" 내가 아내에게 물었다. 아내는 잘 모르겠다는 표정으로 나를 바라보았다.

"당신에 대한 영원한 사랑!" 나는 아내의 손을 꼭 잡으며 말했다.

아내의 따스한 눈빛과 내 눈빛이 마주쳤다. 참 오랜만에 서로의 눈을 바라본다. 따뜻했다. 해바라기의 노래를 들으며 우리는 커피숍을 나왔다.

난 알고 있는데 우리는 사랑하고 있다는 것을 우린 알고 있었지 서로를 가슴깊이 사랑한다는 것을

가고 싶어 갈 수 없고
보고 싶어 볼 수 없는 영혼 속에서 가고 싶어 갈 수 없고 보고 싶어 볼 수 없는 영혼 속에서

헤어질 무렵 아내는 내일쯤 집으로 돌아가겠노라고 말했다. 아내가 대문 안으로 완전히 들어가는 모습을 지켜본 뒤 나는 발길을 돌렸다. 엄마 이야기를 들은 딸아이도 기뻐했다. 오랜만에 웃는 모습을 보니 내 마음도 흐뭇했다. 나는 거실로 들어가 책상 앞에 앉았다. 그리고 서랍에서 펜을 꺼냈다. 벽에 붙여 놓은 일곱 가지 주문 위에 한 가지를 더 써 넣었다.

여덟 번째 주문 – 내 마음의 보석 상자에는 무엇이 들어 있나?

알리바바가 알려준 일곱 가지 주문의 힘은 놀라웠다. 마법의 주문을 외우면 사람들의 마음 문이 열리는 것을 확인할 수 있었

다. 그러나 더 놀라운 것은 내 마음의 문이었다. 다른 사람의 마음 문에 대해 생각하고, 어떻게 그 문을 열 수 있을까 고민하는 순간, 내 마음의 문이 함께 열리는 것을 느낄 수 있었다. 다른 사람에 대해 관심을 갖고, 신호를 보내고, 호의성, 공감성, 유용성을 알리기 위해 노력하고, 내 마음속으로 초대를 하고, 상대방의 마음을 보살펴 주려고 노력하는 동안 내 마음의 문이 먼저 열렸다. 마치 오랜 시간 동굴 속에 갇혀 있다가 밝은 빛 속으로 걸어 나오는 느낌이었다. 오래도록 발이 묶여있던 대지를 벗어나 새처럼 창공을 훨훨 나는 기분이었다. 그것은 자유였다.

또 나는 깨달았다. 내 마음속 상자에 어떤 물건이 담겨 있느냐에 따라, 주문의 힘이 달라진다는 것도 알게 되었다. 내 마음속에 믿음, 사랑, 용서, 이해, 배려 등의 보물이 담겨 있으면 다른 사람의 마음 문을 쉽게 열 수 있지만 시기, 질투, 고집, 의심, 이기심의 쓰레기가 담겨있으면 일곱 가지 주문도 아무런 힘을 발휘하지 못한다는 것을 알았다. 나는 다짐했다. 앞으로 내 마음속 상자에는 보물만 담아두고 쓰레기는 모두 마음 문 밖으로 던져 버리리라. 사랑과 믿음, 이해와 용서, 관심과 배려의 보석만 간직하리라. 지금 당신의 마음속 상자에는 무엇이 담겨져 있는가?

나의 길을 밝혀 주고, 항상 인생을 즐거운
마음으로 맞이하도록 내게 용기를 불어넣어
준 것은 친절과 미, 그리고 진리였다.

알베르트 아인슈타인

제10장

알로호모라!

마음을 여는 일곱 가지 주문

다음 날 아내는 집으로 돌아왔다. 딸은 다시 웃기 시작했고 시간은 행복하게 흘러갔다. 회사일도 모두 잘 해결됐다. 강 과장은 활력을 되찾아 업무에 충실했고, 노동조합과의 협상도 노사 양측의 양보를 거쳐 마침내 타결되었다. 우리 가족은 매월 1회 전국에 있는 사찰로 템플스테이를 다니기로 했다. 며칠 전에는 강화도 전등사를 다녀왔다. 새벽예불을 마치고 나오는 길에 두꺼비와 마주치기도 했고, 절에서 기르는 '해탈'이라는 이름의 개를 만나기도 했다. '해탈'이는 사람의 나이로 치면 80세쯤 되었다는데, 강아지 때부터 절에서 자란 때문인지 얼굴 표정이 득도라도 한 마냥 무념 무상해 보였다. 그래서 이름을 '해탈'이라고 부르는 것인지도 모르겠다. 기회가 된다면 마음의 문을 여는 것을 넘어 마음을 초월하는 것을 배우고 싶다.

나는 알리바바와의 약속을 지키기 위해 매일 저녁, 서재에서 글을 썼다. 일곱 가지 마법의 주문에 대해 알리바바가 말한 내용을 하나도 빠트리지 않으려고 노력했다. 그것이 바로 여러분들이 지금까지 읽은 이야기다. 막상 글로 써 놓고 보니 무언가 아쉽게 느껴졌다. 마치 어떤 알맹이가 빠진 느낌이었다. 며칠을 곰곰이 생각해 보니 그것은 바로 현실성의 문제였다. 일찍이 프란츠 카프카는 "책이란 우리 마음속에 얼어붙은 바다를 깨는 도끼로 쓰이는 것"이라고 말하였다. 과연 이 책이 독자들의 마음속에 얼어붙어 있는 두꺼운 얼음덩어리를 깰 수 있을 것인지 나는 의문이 들었다. 이 책이 여러분의 생각과 행동을 바꿔줄 수 있을까? 여러분이 다른 사람의 마음 문을 열 수 있도록 이 책이 실제적인 역할을 하고 있는가?

대다수의 직장인들이 그렇듯이 나도 20년이 넘도록 사회생활을 하며 자기계발에 관련된 수많은 책들을 읽어보았다. 어떤 책은 재밌었고, 어떤 책은 유익했고, 어떤 책은 감동을 주었다. 그러나 대부분 한 번 읽고 나면 그만인 책들이었다. 책 속에 담겨진 좋은 교훈들은 말 그대로 그림의 떡이요, 동화 속 이야기였다. 책을 덮어버리고 나면 더 이상 내 삶에 영향을 주지 못했다. 무엇때문일까 생각해 보니 구체적인 실천방법을 제시하지 않고 추상적인 당위론만 제시했기 때문이다. 관심이 매우 중요하다는 교훈을 알게 되었지만, 어떻게 무엇에 대해 관심을 가져야 하는지는 알 수 없었다. 경청이나 배려가 큰 힘을 발휘한다는 것을 깨달았지만, 어떻게 하는 것이 경청과 배려를 잘하는 방법인지 도무지 알 수 없었다. 마치 어른들이 공부를 열심히 해야 한다고 훈계하지만, 정작 어떻게 공부해야 하는지 방법을 알려주지 않는 것과 같았다.

나는 그런 오류를 범하지 않기 위해 일곱 가지 주문마다 세부적인 실천방법들을 적어보았다. 그러고 나서 다시 책을 읽어보니 처음보다는 구체적인 면이 보강되었다. 하지만 아직도 무언가가 부족한 것 같았다. 이런저런 고민을 거듭한 끝에 직접 다른 사람들을 만나 마음의 문을 열어보기로 결심했다. 내가 직접 누군가의 마음 문을 열 수 있어야 이 글을 읽는 독자들도 같은 능력을 가지게 될 것이다. 내가 일곱 가지 주문을 통해 마음의 문을 열 수 없다면 독자들은 더더욱 어려움을 느낄 것이다. 다른 사람의 마음 문을 여는 과정을 통해 일곱 가지 주문의 힘을 새롭게 조명해 보고, 새로 발견되는 미비점에 대해 보완하는 방법을 추가하기로 했다. 최근에 알게 된 보험회사 FC로 일하는 L에게 전화를 걸었다. 그 때 내 머릿속에 몇 가지 의문이 떠올랐다.

'L이 어떤 말과, 행동을 해야 마음의 문을 열었다고 인정할 수 있을까?'

'내가 일곱 가지 주문을 통해 L의 마음 문을 열었다는 것을 어떻게 증명할 것인가?'

여러 가지 생각 끝에 나는 다음과 같은 결론을 내렸다. 첫째, 일반적인 상황에서 마음의 문이 열린다는 것은, 외부로 표출되지 않고 숨겨지는 내면의 생각, 감정, 상황이 자연스럽게 공개되는 것이다. 둘째, 마음의 문이 닫혀 있던 사람이 일곱 가지 주문을 듣고 난 후 첫 번째 사항에서 말한 행동을 보였다면, 마법의 주문이 작용한 것이라 판단할 수 있다.

나는 일곱 가지 마법의 주문을 순서대로 정리해 보았다.

관심을 갖는다. ➡ 문을 두드린다. ➡ 호의성을 전달한다. ➡ 공감성을 전달한다. ➡ 유용성을 전달한다. ➡ 내 마음을 열어 보인다. ➡ 상대방의 마음을 보살펴 준다.

그리고 L에 대해 궁금한 점을 종이에 적어보았다.

❶ 고향은?
❷ 가족은?
❸ 졸업한 학교는?

❹ 주요경력이나 활동은?

❺ 취미나 관심사항은?

❻ 앞으로의 꿈이나 목표는?

❼ 인생관이나 좌우명은?

❽ 자랑하고 싶거나 인정받고 싶은 사항은?

❾ 고민이나 갈등을 겪고 있는 사항은?

❿ 도움을 받고 싶은 일은?

질문을 보며 L에 대해 생각하니 조금씩 호기심이 생겼다. 과연 L의 마음 문 뒤에는 무엇이 있을까? 나는 휴대폰을 들고 번호를 눌렀다. 신호가 울렸다.

L : "여보세요?"

나 : "안녕하세요. 저 박 이사라고 합니다. 기억하십니까?"

L: "아! 그럼요. 기억하고 말고요. 반갑습니다."

나 : "네 .갑자기 전화해서 놀라셨죠?"

L : "무슨 말씀을요. 식사 마치고 커피 한 잔 하려던 참입니

다. 전화 잘 주셨어요."

나 : "특별한 일은 아니고요, 그냥 대화를 나누고 싶어서요.
지난 번 모임에서 뵈었을 때 인상이 너무 좋으셨어요. 굉
장히 열정도 많으신 것 같고요. 또 저랑 비슷한 연배가 아
닐까 싶더군요. 그래서인지 괜히 저 혼자 친해진 듯한 느
낌입니다. 언제 기회 되면 따로 한 번 만나고 싶습니다."

L : "아이고 칭찬해 주셔서 감사합니다. 갑자기 기분이 좋아
지네요. 저도 박 이사님과 잘 통할 것 같습니다. 언제든
지 시간 될 때 연락 주세요. 저도 뵙고 싶습니다."

나 : "보험영업 시작하신 지가 오래되지는 않으셨죠? 요즘 경
기가 불황이라 다들 어렵다고 하는데 보험 쪽은 어떤가
요? 힘들지 않으세요?"

L : "아직은 괜찮습니다. 예전처럼 경기가 어렵다고 해약하는
사람보다, 노후를 대비하려고 연금보험에 가입하는 사람
들이 많으니까요. 지금처럼 경기가 계속 나빠지면 아무
래도 영향이 있겠죠? 걱정입니다."

나 : "그렇군요. 보험영업을 하면 연봉이 보통 어느 정도나 되나요?"

L : "그야 사람마다 다르죠. 영업사원 능력에 따라 천차만별입니다만… "

나 : "L님 같은 경우 1년 연봉이 얼마나 되세요?"

L : "저는 아직 많이 못 받습니다. 시작한지도 얼마 안 됐고 아직 능력도 부족해서요… "

나 : "능력이 부족하다니요? 천만의 말씀입니다. 제가 볼 때 L 님은 반드시 성공하실 겁니다. 지금은 어떤지 몰라도 앞으로 크게 성공하실 거예요. 저도 대기업에 근무하고 있어서 연봉이 많을 것 같지만 실상은 그렇지 않습니다. 저희 회사 임금이 워낙 짜다 보니, 다른 회사 부장급 월급밖에 안 된답니다. 그 돈으로 생활하랴, 아이들 교육시키랴, 문화생활은커녕 경조사 챙기기도 빠듯합니다. 제 스스로 생각해 봐도 속 빈 강정 같아요. 게다가 나이는 점점 들어가고 이이들은 점점 크고 가끔 무기력한 기분이 든다니까요. 저희 아이가 곧 대학교에 들어갈 텐데

등록금이 천만 원이라니 정말 큰일입니다."

L : "이사님도 나름대로 고민이 있으시군요. 그래도 저보다는 나으실 겁니다. 저는 대학에 다니는 아이가 두 명이나 된답니다. 딸아이가 3학년이고 아들놈이 이번에 대학에 입학했죠. 1년이면 등록금만 2천만 원이 넘는데 제가 아직 연봉이 4천만 원밖에 안된답니다. 다행히 아내가 선물가게를 운영해 메워가고 있지만 저도 걱정이 많습니다."

나 : "그러시군요. 역시 나이가 비슷하니까 고민거리도 비슷하군요. 혹시 술은 좋아하시나요? 언제 교대역 쪽으로 오시면 소주라도 한 잔 대접하겠습니다."

L : "술을 좋아하지는 않지만 요즘 가끔 먹습니다."

나 : "네, 무슨 안 좋은 일이라도 있으신가요?"

L : "그냥 집안에 일이 좀 있어서요."

나 : "저도 술을 즐기지 않는데, 며칠 전에는 폭음을 했습니다. 부모님 문제로 아내와 사소한 말다툼 끝에 크게 싸웠어요.

하도 속이 상해서 못 마시는 술을 2병이나 먹었답니다.
L님은 부부싸움은 전혀 안 하실 거 같은데요."

L : "그럴 리가요. 부부가 안 싸우면 이상한 거죠. 저도 많이
싸웁니다. 사실 요즘 술을 먹는 것도 그 때문이죠. 아내
는 제가 회사에 다시 취직하기를 원합니다. 보험영업은
저에게 맞지 않다는 거예요. 회사에 취직하기가 어디 말
처럼 쉽나요? 답답한 얘기죠."

나 : "그렇죠. 우리 나이에 취직한다는 것은 하늘에 별 따기보
다 어려운 일이죠. 저도 이제 회사에서 나갈 날이 몇 년
안 남았는데, 퇴직 후 뭘 해야 할지 고민입니다. 저 같은
사람도 보험영업이 가능할까요?"

L : "박 이사님 같은 분이 하시면 아주 좋죠. 원하시면 다음에
만나서 구체적으로 얘기 나누기로 해요."

나 : "좋습니다. 여러 가지로 궁금한 점이 많으니 자세히 알려
주십시오. 그런데 혹시 제가 도와드릴 일은 없을까요?
부족하지만 여기저기 모임이나 단체에도 많이 나가고
인맥도 많은 편입니다. 도움이 필요하면 알려주십시오,

적극적으로 힘써 보겠습니다."

L : 아! 정말 감사합니다. 말씀만으로도 큰 힘이 되네요. 사실
은 지난 달 계약실적이 좋지 않았습니다. 그래서 이번 달
에는 일반회사원들을 대상으로 재테크 강의 및 자산관리
플랜을 짜주는 행사를 기획했습니다. 그런데 막상 기업
쪽에 제안할 적당한 루트를 찾을 수가 없네요. 어떤 방법
으로 하면 좋을까요?"

나 : "좋은 방법이 있지요. 저와 절친한 후배가 대기업 교육담
당직원 친목모임에서 총무를 맡고 있습니다. 그 친구를
소개해 드릴 테니 한 번 만나 보세요. 모임회원들을 대
상으로 프레젠테이션 할 수 있는 기회를 줄 겁니다. 특
별히 당부해 볼 게요."

L : "정말 고맙습니다. 은혜는 절대로 잊지 않겠습니다."

나 : "아닙니다. 좋은 하루 되시고 다시 연락드리겠습니다."

나는 전화를 끊고 L과의 대화 내용을 하나하나 체크해 보았
다. 일곱 번째 주문, 닫혀라 참깨! 를 제외하고는 나머지 주문이

모두 사용되었다. 충분히 호의를 전달했고, 공감을 형성했으며, 도움을 주려는 의지와 능력을 표현했다. 그리고 마음의 준비가 안 된 상황에서는 내 마음속 이야기를 먼저 털어놓았다. 그 결과 보통의 상황이라면 언급되기 어려웠을 연봉, 가족, 진로문제 같은 민감한 주제에 대해, L이 마음의 문을 열고 솔직하게 얘기하도록 만들 수 있었다. 나는 L과의 경험을 통해 마음의 문을 여는 일곱 가지 주문이 현실에서 적용 가능한 강력한 실천도구라는 것을, 다시 한 번 확신했다. 혹시 있을지도 모르는 미비점에 대해 생각의 방향을 돌렸다.

그 때, 갑자기 S에게서 전화가 왔다. 근처 회사에 강의를 왔다가 생각나서 연락했다고 했다. S를 사무실로 찾아오라고 했다. S는 웃음치료와 유머강의를 한다. 2년 전에 만난 그는 절친한 대학 친구의 후배다.

나 : "어떻게 지냈어? 못 본지 벌써 6개월도 지난 것 같은데?"

S : "열심히 잘 지내고 있습니다. 이사님도 잘 지내셨죠?"

나 : "나야 늘 그렇지 뭐. 직장생활이라는 게 뻔하잖아."

S : "바쁘신데 제가 괜히 찾아온 건 아닌지 모르겠네요?"

나 : "괜찮아. 지금은 바쁜 일 없으니까 걱정하지 말고 편안하
　　게 차 마셔"

S : "네"

나 : "나는 자네가 아주 마음에 들어. 요즘 젊은 사람들 보면
　　특별한 비전이나 목표 없이 사는데 자네는 정말 열정적
　　으로 사는 것 같아. 항상 부지런하고 또 예의도 바르고
　　말이야."

S : "과찬이십니다. 아직 많이 부족합니다."

나 : "그래! 지금처럼 겸손함만 잃지 않으면 곧 최고가 될 수 있
　　을 거야. 그런데 강의 시작한 지는 얼마나 됐다고 했지?"

S : "이제 3년 조금 지났습니다."

나 : "생활은 괜찮아? 강사를 처음 하면 수입이 적어 고생한다
　　고 하던데."

S : "이사님이 그걸 어떻게 아세요?"

나 : "주변에서 들은 이야기도 있고, 나도 대학이나 정부기관
　　의 요청이 와서 가끔 강의를 나가는데 정말 강사료가 적
　　더군. 그래서 그러려니 짐작해 보는 거지."

S : "사실 강사도 부익부빈익빈이에요. 아주 유명한 강사는
　　한 번 강의를 나가면 200만 원에서 300만 원을 받습니다.
　　새내기 강사는 한 시간에 5만 원도 못 받는 경우도 많아요."

나 : "자네는 어때? 허세 부리지 말고 사실대로 얘기해. 우는
　　아이에게 젖 준다고 내가 뭘 알아야 도움을 주지. 잘나
　　간다고 말하면 알아서 잘하겠구나 생각할 테고, 어렵다
　　고 말하면 뭐라도 도와줄 게 없을까 고민할 거 아냐. 쓸
　　데없는 자존심 내세우지 말고 있는 그대로 말해. 나 능
　　력 있는 사람이야. 그리고 어렸을 때부터 안 해 본 일 없
　　이 고생하며 자랐어. 거창하게 얘기하면 자수성가한 사
　　람이라고. 하하하!"

S : "이사님도 참 재미있으세요. 그럼 편하게 말씀드릴게요.
　　사실 요즘 조금 어렵습니다. 경기가 나빠서 그런지 교육

이 많이 줄었어요. 제가 하는 유머강의는 교육효과가 바로 나타나는 것도 아니라서, 회사에서 경비를 줄이기 시작하면 가장 먼저 축소하는 분야입니다. 예년에는 7월, 8월이 비수기였는데 올해는 6월부터 비수기네요. 고정적으로 들어갈 돈은 많은데 아주 걱정입니다."

나 : "불경기는 불경기구먼. 우리 회사도 하반기 교육예산을 줄이려는 분위기야. 혹시라도 내가 도와줄 방법이 있는지 찾아볼게. 기운 잃지 말게."

S : "감사합니다. 오늘은 인사만 드리고 갈 생각이었는데 이런 얘기까지 하게 될 줄은 정말 몰랐네요. 면목 없습니다."

나 : "무슨 말을 그렇게 하나! 자네가 솔직하게 얘기해 줘서 얼마나 고마운 줄 몰라. 나를 편안하게 생각하고 믿으니까 속 얘기도 털어놓는 거 아니겠어. 오히려 내가 고맙지. 앞으로도 어려운 일 있으면 부담 갖지 말고 언제든 말하게. 자네를 막내 동생처럼 생각할 테니까 말이야."

S : "저야말로 큰 영광입니다. 앞으로 큰형님처럼 모시겠습니다."
나 : "그래. 오늘은 이만 헤어지고 조만간에 저녁 식사나 같이

하지. 내가 다시 연락할게"

S : "네. 그럼 오늘은 이만 돌아가겠습니다. 안녕히 계십시오."

S가 돌아간 후, 나는 마음을 여는 일곱 가지 주문의 효과를 다시 한 번 실감할 수 있었다. 그날 저녁, 나는 M대표를 만나러 갔다. M은 중소기업을 운영하는 여성CEO다. 최근에 가입한 조찬 포럼에서 처음 만나 인사를 나누었다. 약속장소로 들어가 자리에 앉자마자 M이 나타났다.

나 : "오랜만입니다. 잘 지내셨죠?"

M : "네, 덕분에 잘 지내고 있습니다. 소장님도 잘 지내시죠?"

나 : "특별한 일 없으니 잘 지낸다고 해야겠네요. 우선 주문부터 할까요?"

M과 나는 식사를 주문한 후 대화를 나누기 시작했다.

나 : "M대표는 참 똑똑한 분 같아요. 제가 여성CEO들을 많이 만나봤지만, M대표처럼 해박한 지식을 가진 분은 못 봤습니다.

어쩜 그렇게 여러 가지 분야의 상식이 풍부한가요?"

M : "감사합니다. 제가 교육 듣는 걸 좋아해서 틈만 나면 여기저기 배우러 다닌답니다. 오늘도 아침 7시에 S대학에서 열리는 조찬포럼에 다녀왔어요. 성공하는 리더들의 이미지경영이라는 주제였는데 유익하더군요."

나 : "참 대단하네요. 회사 운영하기도 바쁠 텐데 새벽같이 교육을 듣고 정말 열심히 사는군요. 미인이 학식까지 깊으니 정말 하늘이 내린 축복입니다."

M : "부끄럽게 왜 자꾸 그러세요. 칭찬의 말씀으로 알아듣겠습니다."

나 : "저도 예전에 직장 그만두고 사업을 했던 경험이 있습니다. 큰 규모는 아니었지만 직원도 여럿 두었었기 때문에 사장의 심정을 조금은 이해합니다. 회사를 경영한다는 건 정말 어려운 일이죠. 고객, 거래처, 직원들까지, 때로는 관공서까지 신경 써야 하고 여러 가지로 힘든 일이죠. 회사를 설립한 지가 10년이 지났다니 M대표는 정말 대단한 겁니다."

M : "회사를 유지한다는 게 정말로 쉬운 일이 아니에요. 저도 한때는 너무 힘들어서 폐업을 생각했지요. 다행히 꾹 참고 여기까지 왔어요. 아직은 갈 길이 멀답니다."

나 : "충분히 이해가 됩니다. M대표는 앞으로도 잘 하실 거예요. 혹시라도 제가 도울 일이 있으면 알려주세요. 능력은 부족하지만 열심히 돕겠습니다."

M : "감사합니다. 저보다 5~6세 연상이라 그런지 든든한 오라버니가 생긴 기분이네요. 앞으로 잘 부탁드리겠습니다."

나 : "그래요. 저도 든든합니다. 한 가지 궁금한 게 있어요. M대표와 친하다고 생각해서 솔직하게 묻는 거니까, 기분 나쁘게 생각하지 마세요."

M : "네, 괜찮아요. 편안하게 말씀해 주세요."

나 : "M대표를 보면 결혼한 사람 같지 않아요. 싱글 같은 느낌이 드는데 왜 그럴까요?"

M : "글쎄요? 왜 그럴까?"

M대표의 얼굴에 알듯 모를 듯한 미소가 흘렀다.

나 : "……"

M : "사실대로 말할게요. 몇 번 뵙지도 않았는데 이런 말을
하자니 쑥스럽네요. 사실은 싱글이나 마찬가지예요. 몇
년 전 남편과 성격차이로 이혼을 했어요. 그리고 하나뿐
인 아들은 어머니가 돌봐주고 계셔서 지금은 혼자 살고
있답니다. 그래서 싱글로 보이나 봐요. 다른 사람한테는
이런 질문을 받아본 적이 없는데 깜짝 놀랐어요. 어떻게
아셨죠?"

나 : "그랬군요. 어쩐지 그런 느낌이 들었어요. 고맙습니다.
솔직하게 얘기해 줘서."

M : "남들은 이혼에 대해 이상하게 생각할까봐 먼저 말하는
경우가 거의 없어요. 이사님이 편하게 느껴지나 봐요.
좀처럼 하지 않는 이야기를 꺼내는 걸 보면."

나 : "내가 입은 무겁지 않지만 머리는 가벼워요. 다른 사람에
게 들은 이야기는 하나도 기억하지 못하고 그 자리에서

모두 잊어버리니 소문날까 걱정하지 않아도 됩니다."

M : "아니에요. 그런 걱정은 추호도 안 하니까 신경 쓰지 마세요."

나 : "회사 일은 잘되죠? 내가 도울 일이 있으면 부담 갖지 말고 얘기하세요. 가능한 일이면 적극 도울게요."

M : "감사합니다. 이왕 얘기 나온 김에 한 가지 부탁드릴게요. 다음 달에 회사에서 신규상품을 출시하는데 홍보가 부족해서 고민이에요. 신문이나 TV 광고는 비용이 너무 많이 들어 엄두도 못 내겠더라고요. 그래서 주부들을 대상으로 이벤트를 기획 중입니다. 혹시 언론이나 방송 쪽에 이벤트 내용이 기사로 실릴 수 있도록 도와주실 수 있을까요?

나 : "알겠습니다. 한번 알아볼게요. 관련 자료를 제 메일로 보내주세요."

M : "고맙습니다. 돌아가는 대로 자료 보낼게요."

M과 헤어지고 난 뒤, 나는 일곱 가지 주문에 대해 다시 생각해 보았다. 누군가의 집을 방문하려면 내가 사는 집에서 문을 열

고 밖으로 나가야 한다. 마찬가지로 다른 사람의 마음 문을 열려면 먼저 내 마음의 문을 열고 나가야 한다. 내 마음의 문이 닫혀 있으면 다른 사람의 마음 문을 열기 위해 다가갈 수 없다. 의심과 오해의 자물쇠를 풀어라. 고집과 편견의 문을 열어라. 원망과 분노의 벽을 허물어라. 마음의 문을 여는 마법의 주문은 내가 먼저 마음의 문을 여는 것이다. 알로호모라!

"

시간이라는 모래밭에
발자국을 남기는 것은 좋은 일.
그러나 더욱 중요한 것은 기왕이면
훌륭한 방향의 발자취를 남기는 것

"

제임스 캐블

제11장

마법의 주문 암기하기

마음을 여는 일곱 가지 주문

알리바바가 들려준 일곱 가지 주문을 알게 된 후, 내 삶에 많은 변화가 찾아왔다. 처음 만난 사람과 오랜 친구처럼 대화를 나눌 수 있었고, 평소에 멀었던 사람과도 피상적인 이야기에서 벗어나 깊은 대화를 주고받는 일이 많아졌다. 직장에서도 내가 맡고 있는 영업본부의 분위기가 개방적으로 바뀌었다. 회의 때마다 열띤 토론이 진행되었다. 사회에서는 내가 속한 모임이나 단체의 회원들로부터 고민상담 요청이 많아졌다. 무엇보다도 가장 행복한 변화는 아내와의 대화가 즐거워졌다는 사실이다. 예전에는 아내와 마주앉아 이야기를 하는 것 자체가 힘들고 짜증났지만, 지금은 함께 산책하는 일이 가장 소중하고 기쁜 일이 되었다. 아내와 나는 많은 대화를 나누었다. 우리는 TV를 없앴고, 심야영화를 보러 다녔고, 생맥주를 마시러 다녔다. 나는 매일매일 딸에게 명언을 문자로 보내기 시작했다. 딸도 하루에 한 번씩 문자메시지를 보내왔다. 이 모든 것이 마음의 문을 여는 일곱 가지 주문이 가져다 준 변화였다.

이 글을 읽는 독자들에게도 똑같은, 아니 더욱 더 위대한 변화가 찾아오기를 기원하며 일곱 가지 주문을 다시 한 번 정리한다. 일곱 가지 주문은 절대적이라기보다는 상대적으로 생각해야 한다. 상대방이 누구냐에 따라서 어떤 주문은 필요하지 않을 수 있다. 그리고 어떤 상황에 놓여 있느냐에 따라서 주문의 순서가 바뀌어도 상관없다. 일곱 가지 주문은 가장 일반적인 경우의 순서로만 생각하고, 상대방이나 상황에 따라 융통성 있게 적용하면 된다.

1. 첫 번째 주문 - 관심

· 상대방은 자랑하고 싶거나 인정받고 싶은 사항에 어떤 것이 있을까?

· 상대방은 위로받고 싶거나 격려 받고 싶은 사항에 어떤 것이 있을까?

· 상대방은 도움 받고 싶은 사항에 어떤 것이 있을까?

· 상대방은 고민이나 갈등을 느끼고 있는 사항에 어떤 것이 있을까?

· 상대방은 지금 어떤 상황에 놓여 있을까?

· 상대방은 지금 무엇에 가장 관심이 많을까?

· 상대방은 다른 사람들이 어떤 사항에 관심을 가져주기를 바라고 있을까?

마음의 문을 열려면 마음의 문 뒤에 무엇이 있는지 궁금해야한다. 그리고 내가 문을 두드렸을 때 무엇을 볼 수 있을지, 또는 무엇을 볼 것인지 생각해야 한다.

2. 두 번째 주문 – 신호 보내기 (노크하기)

신호 보내기는 상대의 마음 문을 열어달라고 알리는 것이다. 상대방으로 하여금 마음의 준비를 하게 만드는 과정이다. 레스토랑, 식당, 커피숍, 호프집, 사무실, 회의실, 휴게실, 집, 전화, 이메일, 문자메시지, 메신저 등 어떤 장소에서, 어떤 방법으로 신호를 보낼 것인지에 따라 마음의 문을 열 준비가 달라진다. 공식적인 공간보다는 다소 개방적이고 편안한 분위기가 연출될 수 있는 공간을 선택하는 것이 바람직하다. 경우에 따라서는 오픈된 공간보다 독립된 공간을 선택해야 한다. 대화는 상대방이 익숙한 커뮤니케이션 방법을 선택해야 한다. 장소나 대화수단이 결정되었다면 신호를 보낸다. 상대방의 마음에 신호를 보낼 때 다음과 같은 표현들이 포함되도록 한다.

- · 솔직하게
- · 숨김없이
- · 있는 그대로
- · 사실 그대로
- · 허심탄회하게

· 마음을 열고

· 마음의 문을 열고

· 마음의 벽을 허물고

· 궁금해서

· 알고 싶어서

· 이해하고 싶어서

3. 세 번째, 네 번째, 다섯 번째 주문 – 호의성, 공감성, 유용성

　상대방에게 관심을 가지고, 마음의 문을 열어달라는 신호를 보냈다면 그 다음으로 호의성, 공감성, 유용성을 전달해야 한다. 호의성, 공감성, 유용성은 상대방에 따라 모두 필요한 경우도 있고 또는 한두 가지만 필요한 경우도 많다. 충분히 호의를 가지고 있는 가족, 연인, 친구 사이라면 공감성, 유용성만 전달해도 충분할 것이다. 한 가지 명심할 사항은 단도직입적으로 세 번째, 네 번째, 다섯 번째 주문으로 들어가기보다는, 서서히 단계를 거치는 것이 필요하다.

· 날씨, 스포츠, 뉴스 등 가벼운 이야기부터 시작한다.

· 취미, 장기, 관심사항 등 비교적 쉽게 오픈할 수 있는 이야기부터 시작한다.

· 눈 맞춤, 고갯짓, 몸동작, 추임새(맞장구, 장단)를 적극적으로 하여, 경청하고 있다는 것을 느끼게 해 준다.

· 상대방의 생각, 감정에 적절하게 반응을 보여 이해받고 있다는 느낌이 들게 한다.

· 상대방을 칭찬, 지지, 인정하여 자신감을 갖게 해 준다.

호의성, 공감성, 유용성을 전달하는 구체적인 방법은 세 번째, 네 번째, 다섯 번째 장에 적혀있으니 다시 한 번 참고하기 바란다.

4. 여섯 번째 주문 - 초대하기

상대방이 마음의 문을 열 준비가 안 됐을 때는, 내 마음속으로 상대를 초대한다. 나의 약점, 결점, 특이한 습관, 실수담, 비밀, 인간적 면모를 보여준다. 인간관계는 상호성이며 마음의 문도 상호적으로 열리는 경우가 많다. 내가 조금 열면 상대방도 조금 열고, 내가 활짝 열면 상대방의 문도 활짝 열린다. 따라서 단계별로 내 마음의 문을 열어 상대방에게 보여주는 것이 필요하다. 초대하기에 관한 구체적인 방법은 여섯 번째 장에 적혀있으니 다시 읽어보기 바란다.

5. 일곱 번째 주문 - 마음 보살펴 주기

마지막 주문 "닫혀라 참깨"는 크게 세 가지 의미로 생각해야 한다. 첫째, 마음의 문을 열려면 비밀을 입 밖으로 내지 않을 것이라는 믿음이 전달되어야 한다. 둘째, 마음의 문을 열어준 데 대한 감사의 표시를 해야 한다. 셋째, 상대방의 마음을 보살펴 주고 배려해야 한다. 돈이나 물질적인 배려뿐만이 아니라 후원이나 협력을 해 주고, 따뜻한 말로 보살펴 줘야 한다. 다른 사람의 집에 가면 덕담하고 오듯이, 마음의 문을 열고 들어가면 아낌없는 칭찬과 축복을 전하고 와야 한다. 이런 과정이 생략되면 마음의 문은 닫히고 다음에는 쉽게 열리지 않는다.

6. 여덟 번째 주문 − 내 마음의 보석상자 가꾸기

마음의 문을 여는 마법의 주문은 기술에 가깝다. 그러나 장기적인 인간관계는 기술만 가지고는 통하지 않는다. 내 마음속 보석 상자에 믿음, 사랑, 용서, 이해, 배려 같은 보물들이 있어야 한다. 내 마음속에 시기, 질투, 고집, 의심, 이기심 같은 쓰레기들이 가득 차 있다면 아무리 훌륭한 마법의 주문도 힘을 발휘하지 못한다. 마음의 문을 열려면 평소 마음을 훈련해야 한다. 내 마음속 보석 상자를 귀하고 선한 정신들로 채우는 연습을 하라. 마음속에 쓰레기가 생기면 바로 문밖으로 내버리는 연습을 하라.

7. 알로호모라

세상의 모든 문은 여는 방법이 다르다. 노크를 하거나, 초인종을 누르거나, 열쇠로 열거나 비밀번호를 입력한다. 최근에는 음성인식, 지문인식기술이 활용되거나 눈동자의 홍채를 인식하는 방법으로 문을 열기도 한다. 마음의 문을 열 수 있는 방법도 사람마다 다르다. 그 주문이 무엇인지 찾아내는 사람만이 마음의 문을 열 수 있다. 왼쪽으로 열어야 되는 문을 오른쪽으로 밀면 열리지 않는다. 밀어야 되는 문을 당기면 열리지 않는다. 옆으로 밀어야 되는 문을 앞으로 밀면 안 된다. 마음의 문에도 그 문을 여는 방법이 모두 다르다는 것을 명심하자. 그러나 너무 걱정하지 마라. 대부분의 문이 같은 방법으로 열리듯이 사람의 마음 문도 일곱 가지 주문으로 쉽게 열 수 있다. 단지 상대방에 따라 조금 더 빨리, 조금 더 쉽게 열 수 있는 주문을 찾아보라.

이상으로 일곱 가지 주문을 순서대로 정리해 보았다. 마지막으로 마법의 주문과 관련한 오해에 대해 이야기하려고 한다. 마음의 문을 여는 일곱 가지 주문을 알았다고 모든 문을 한꺼번에 활짝 열 수 있다고 오해하지 마라. 마음의 문은 사람마다 다른 양상으로 열린다. 어떤 문은 살짝 열리고 문틈으로 얼굴을 내밀어 확인한다. 어떤 문은 활짝 열리지만 현관에 세워둔 채 이야기한다. 어떤 문은 집 안으로 불러들인다. 그러나 안으로 들어간다 해도 상황이 단순하지만은 않다. 세상에는 모든 집 안 풍경을 한눈에 볼 수 있는 원룸도 있지만, 때로는 투룸도 있고, 대부분의 집은 여러 개의 방과 거실, 서재, 화장실, 베란다 등을 갖추고 있다. 가끔은 궁궐처럼 수없이 많은 문을 열고 들어가야만 되는 집도 있다. 마음도 마찬가지다. 일곱 가지 주문을 가지고 마음의 문을 열고 들어갔다고 모든 것이 해결되는 것은 아니다. 그것은 새로운 문을 열 수 있는 첫 번째 관문을 통과했을 뿐이다.

따라서 마음의 문을 열 때는 한꺼번에 모든 문이 열리기를 기대하지 마라. 그것은 마치 처음 온 손님에게 침실 같은 은밀한 장소까지 보여주기를 기대하는 것과 같다. 처음에는 거실 소파에 얌전히 앉아 있다가 돌아오면 된다. 그러면서 자주 드나들면 마침내 은밀한 곳도 볼 수 있게 된다. 그렇게 되도록 마음의 문을 여는 일곱 가지 주문이 도와 줄 것이다.

애벌레가 세상의 끝이라고 말하는 것을,
우리는 나비라고 부른다.
-리처드 바크

이제 서서히 알리바바와의 첫 번째 약속을 마무리 지을 때가 되었다. 알리바바가 만족할 만큼 일곱 가지 주문이 잘 정리됐는지 모르겠다. 다만 이 책을 통해 마음의 문을 여는 비밀을 깨닫는 사람이 한 명이라도 나와 준다면, 나는 만족할 것이다. 이 책을 통해 마음의 영감을 얻고 더 멋진 마법의 주문을 만드는 사람이 나와 준다면 알리바바와 나는 기쁠 것이다. 바라건대 마음의 문을 여는 아홉 번째, 열 번째 주문이 계속해서 나오기를 기대해 본다.

그리스 로마신화에 판도라의 상자에 관한 내용이 나오는데 다음과 같다.

티탄(Titan)신들과의 전쟁 시 티탄신이면서 제우스 편에 서서 싸운 프로메테우스(Prometheus, 먼저 아는 자)와 에피메테우스(Epimetheus, 나중에 아는 자)는 올림포스(Olympos) 신들의 승리로 전쟁이 끝난 후 제우스로부터 생명체들을 만들라는 명령을 받고 지상에 내려왔다.

프로메테우스가 물과 흙을 빚어 여러 가지 생명체들을 만들어
내면 에피메테우스는 그 생명체에게 각기 적당한 특징들을 부여
하였다. 어떤 것에게는 날카로운 발톱을, 어떤 것에게는 날개를
달아주었다. 또 어떤 것은 단단한 껍질을, 어떤 것은 빠른 발을
부여 받았고 어떤 것은 물속을 헤엄칠 수 있게 되었다. 그렇게
수많은 생명체들을 창조한 후 마지막에 이르러 프로메테우스는
신들의 형상을 빌어 인간을 만들어 냈다.

하지만 그 인간에게 영혼이 주어지고 에피메테우스에게 보내
지자 문제가 발생했다.

너무 인심을 쓰다 보니 모든 생물들을 관리해야 할 인간의 차
례가 되어서는 아무것도 줄 게 없었던 것이다. 에피메테우스는
고민 끝에 프로메테우스에게 도움을 요청했고, 역시 이를 고민
하게 된 프로메테우스는 인간들에게 불을 줄 것을 제안했다. 하
지만 제우스를 비롯한 신들은 이에 반대했다. 이유인 즉, 인간
들이 불을 사용하게 되면 결국에는 신들을 우습게 여기고 경배
하지 않게 되리라는 것을 알았기 때문이다. 하지만 인간이란 존
재는 너무도 허약하게 만들어져서 자신을 보호할 수 있는 힘이
나 특징이 아무 것도 없기에, 불 없이 그들을 그대로 세상에 내

보내게 되면 금방 멸망해 버릴 거라고 생각했다.

그래서 프로메테우스는 몰래 하늘로 올라와 태양의 마차에서 불을 훔쳐내어 인간들에게 주고, 사용하는 법을 가르치니 인간들은 다른 동물들과는 달리 불을 두려워하지 않게 되었다.

뿐만 아니라 그 불을 이용해서 추위도 견딜 수 있게 되었고, 여러 가지 연장과 무기를 만들 수 있게 되었다. 이렇게 되니 인간의 수가 급격히 불어나 온 지상에 가득 차게 되었다. 이를 보고 화가 난 제우스는 권력의 신 크라토스와 폭력의 신 비아에게 명하여 프로메테우스를 코카서스의 깎아지른 듯한 산꼭대기로 끌고 가게 했다. 그리고 헤파이스토스를 시켜 결코 끊어지지 않는 쇠사슬로 그를 묶었다. 그리고는 매일 아침 독수리가 날아와 그의 간을 쪼아 먹는 벌을 받게 했다. 그리고 그 간은 다음날이면 다시 생겨나서 독수리에 의해서 간을 쪼이는 그의 고통은 끝없이 되풀이되었다.

프로메테우스를 벌주는 것으로도 분이 안 풀린 제우스는 헤파이스토스에게 명하여 아름다운 여인을 만들게 하였다. 헤파이스토스가 여신의 모습을 본따서 아름다운 여인의 몸을 만들어내니, 여러 신들이 각기 그 여인에게 선물을 주었다. 미의 여신인 아프로디테는 그녀에게 우아함과 아름다움을 선사하였고, 아테

나는 바느질과 길쌈하는 법을 가르쳤다. 헤르메스는 그녀의 말에 설득력을 부여하고, 마음에 간교함을 넣어주었다. 다시 아테나가 아름다운 옷을 입혀주고 카리테스와 페이토가 그녀의 목에 금목걸이를 걸어주었으며, 호라이들이 그녀의 머리 위에 꽃으로 왕관을 만들어 씌웠다. 이렇게 해서 만들어진 여인에게 제우스는 판도라(Pandora, 모두의 선물을 받은 자)라는 이름을 지어 주었다. 그런 다음 제우스는 판도라에게 작고 예쁜 상자 하나를 건네면서 절대로 열어 봐서는 안 된다고 했다. 거듭 다짐을 받은 뒤 제우스는 판도라를 프로메테우스의 동생 에피메테우스에게 데려다 주었다.

일찍이 프로메테우스가 형벌을 받으러 코카서스 산으로 끌려가기 전, 제우스가 주는 선물을 받지 말라고 경고했음에도 불구하고, 에피메테우스는 판도라의 아름다운 자태에 넋이 빠져 선물로 받았다. 그리하여 판도라는 에피메테우스의 아내가 되어 지상에서 살게 되었다. 아무런 걱정 없이 행복한 나날을 보내던 어느 날, 판도라는 제우스가 절대로 열지 말라던 조그만 상자가 생각났다. 안에 들어 있는 것이 무엇인지 고민하면 할수록 더욱 더 궁금해졌다. 판도라는 호기심을 견디지 못하고 그 상자를 살짝 열어보았다. 뚜껑을 여는 순간, 그때까지는 없었던 온갖 재앙과 질병이 쏟아져 나와 사방팔방으로 흩어졌다. 깜짝 놀란 판도라는 재빨리 상자 뚜껑을 닫았지만, 이미 상자 속에 들어있던 것은 다 날아가고 오직 하나 '희망'만이 남게 되었다.

독자들에게 당부한다. 마음의 문을 열면 반드시 빛나는 보물만 발견되는 것이 아니다. 마음의 문을 연다는 것은 때로는 판도라의 상자를 여는 일과도 같다. 마음속 깊은 곳에 감춰져 있던 시기, 질투, 고집, 의심, 이기심, 오만과 편견 등 온갖 부정적인 감정들이 마음 밖으로 튀쳐나올 수도 있다.

따라서 절대로 호기심 때문에 문을 열려고 해서는 안 된다. 장난이나 심심풀이로 초인종을 눌러서도 안 된다. 마음 내키는 대로 아무 때나 문을 두드려도 안 된다. 허락받은 시간에 가장 멋진 옷으로 차려입고, 정성껏 마련한 선물을 들고, 기쁘고 조심스러운 마음으로 방문해야 한다. 마치 왕궁에 초대받은 사람처럼 정중하게 방문해야 한다. 그리고 마음의 문 안으로 들어가면 그 사람의 마음속에 있는 값진 보물들과 장식에 대해 찬사를 보내라. 깍듯한 예의를 갖춰 조심스럽게 말하고 신중하게 행동하라. 돌아올 때는 마음의 문을 열어놓은 채 돌아오지 않도록 주의하라.

알리바바가 그랬던 것처럼 이제 나도 떠나간다. 일곱 가지 주문을 통해 많은 사람들의 마음이 활짝 열리길, 이 글을 읽는 독자들의 마음속에 인간관계에 대한 희망이 가득하길 기원하며 진심으로 나는 주문한다. 열려라 참깨! 알로호모라! 마지막으로 미국 작가 헨리 데이비드 소로의 말을 전하며 이 책을 끝맺는다. 사람에 대한 희망을 가지고 항상 깨어 있으라.

"우리는 자명종 소리에 의해서가 아니라 새벽에의 무한한 기대감으로 깨어나는 법을 익혀야 하고 또한 스스로 늘 깨어 있어야만 한다."

푸른고래
양광모

인간은 사회적 동물이지만 사회를 이루어 살아가다 보면 사랑과 협력만큼이나 미움과 갈등역시 생길 수밖에 없습니다. 이를 해소하고 올바른 관계를 만들기 위해서는 진솔한 서로 간의 소통이 필요하지만 소통을 실천하는 일은 아주 어려운 일입니다. 관계에 문제가 생겼다는 사실을알아차릴 때쯤에는 이미 서로 간에 마음의 문을굳게 걸어 잠그고 소통을 거부하게 되는 경우가많기 때문입니다.

'푸른 고래'라는 핸들네임과 함께 소통과 공감의 비법을 더 많은 이들에게 전달하기 위해 노력하고 있는 양광모 저자는 이 책을 통해 사람 간의 갈등을 해소하고 좋은 관계를 쌓아 나가기 위한 초석으로서 굳게 닫힌 마음을 열고 소통할 수있는 일곱 가지 마법의 주문을 제시합니다.

특히 이 책은 딱딱한 자기계발서 방식으로 실천 방안을 제시하는 것이 아니라 저자 자신의 경험에 근거하여 가족 및 직장에서의 갈등을 겪고 있는 주인공이 신비스러운 인물, '알리바바'

를 만나게 되면서 변화해 가는 과정을 재미있는 동화책 읽듯 이야기해 줍니다. 주인공의 서재에 나타난 신비의 인물 '알리바바'는 굳게 닫힌 보물창고의 문을 열 수 있게 해 주었던 주문 '열려라 참깨!'에 필적하는 '마음을 여는 일곱 가지 주문'을 주인공에게 조금씩 알려주기 시작하고, 이를 통해 주인공은 조금씩 자신과 주변 사람들을 변화시킵니다.

이 책이 말하는 일곱 가지 주문은 굳게 닫힌 상대의 마음을 열수 있는 강력한 주문이지만 더욱 중요한 가치 역시 내포하고 있습니다. 그것은 바로 상대의 마음을 여는 것은 내가 아니라 상대방이 되어야 한다는 것이며, 나는 그의 선택에 대해 존중과 배려를 하여야 하고, 궁극적으로는 타인에 대한 존중이야말로 소통의 기반이 된다는 것입니다.

올바른 소통과 존중의 가치를 전하는 『마음을 여는 일곱 가지 주문』을 통해 많은 분들이 선한 영향력과 행복에너지가 팡팡팡 샘솟은 하루하루를 보내시기를 희망합니다!

권선복 | 도서출판 행복에너지 대표이사

Note

'행복에너지'의 해피 대한민국 프로젝트!

〈모교 책 보내기 운동〉 〈군부대 책 보내기 운동〉

한 권의 책은 한 사람의 인생을 바꾸는 힘을 가지고 있습니다. 한 사람의 인생이 바뀌면 한 나라의 국운이 바뀝니다. 그럼에도 불구하고 많은 학교의 도서관이 가난하며 나라를 지키는 군인들은 사회와 단절되어 자기계발을 하기 어렵습니다. 저희 행복에너지에서는 베스트셀러와 각종 기관에서 우수도서로 선정된 도서를 중심으로 〈모교 책 보내기 운동〉과 〈군부대 책 보내기 운동〉을 펼치고 있습니다. 책을 제공해 주시면 수요기관에서 감사장과 함께 기부금 영수증을 받을 수 있어 좋은 일에 따르는 적절한 세액 공제의 혜택도 뒤따르게 됩니다. 대한민국의 미래, 젊은이들에게 좋은 책을 보내주십시오. 독자 여러분의 자랑스러운 모교와 군부대에 보내진 한 권의 책은 더 크게 성장할 대한민국의 발판이 될 것입니다.

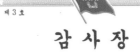